hugo
in **3** MONTHS

DUTCH

Jane Fenoulhet

A DORLING KINDERSLEY BOOK

LONDON, NEW YORK, MUNICH,
MELBOURNE, AND DELHI

This edition first published in Great Britain
in 2003 by Dorling Kindersley Limited,
80 Strand, London WC2R 0RL
Penguin Group (UK)

First published in Great Britain by
Hugo's Language Books Limited, 1983

2 4 6 8 10 9 7 5 3 1
001 – HD031 – Sep/12

A CIP catalogue record for this book is available from
the British Library.
ISBN 978-1-4053-9161-0

Hugo Dutch In Three Months is also available in
a pack with three CDs, ISBN 978-1-4053-9157-3
001 – HD016 – Sep/11

Written by
Jane Fenoulhet M. Phil. (Dutch)
Senior Lecturer in Dutch at
University College London

Printed and bound in China by South China Printing Co. Ltd

Discover more at
www.dk.com

Preface

This new edition of *Hugo Dutch in Three Months* has been written for us by Jane Fenoulhet, who has considerable experience in teaching her subject from university level downwards. The book is designed for students learning at home, who want to acquire a good working knowledge of the language in a short time. The grammar is presented concisely and clearly, and the student is given plenty of opportunity to practise what has been learnt. In order to gain the most from *Hugo Dutch in Three Months*, you should spend about eight hours a week studying. Every three weeks in the course there is time allowed for revision as well as revision exercises.

Start with sections 1–3 on pronunciation. It is extremely important that you master the sounds of Dutch before moving on to the grammar. Each sound is described in enough detail for you to work out its pronunciation, but if possible this should be done in conjunction with the CD recordings that we offer as optional extras to the book. The best way to master the sounds, stress and intonation of a foreign language is by imitating a native speaker. Failing this, you might be able to listen to Dutch on the radio or via the internet; it will at least give you some idea of the sounds and rhythm of spoken Dutch. You should move on to the following sections only when you are able to recognize readily which letters spell which sounds. The exercises and drills will serve as a test.

The rest of the book is organized in a pattern, enabling you to develop a study routine. The work is divided into five areas:

Grammar Read through each numbered section of new grammar at least twice. Use the references to other sections as opportunities for revision. Try to understand rather than memorize; if you have understood, the exercises and drills will ensure that you remember the rules through applying them.

Vocabulary Lists of words contain all the vocabulary needed for the week's work.

Exercises These are mainly straightforward translation exercises carefully formulated to incorporate both the grammar and the most important rules learnt so far, and both old and new vocabulary. The student is expected to have learnt the vocabulary as he or she progresses. The language used is everyday, standard Dutch. It is most important that you check your answers carefully with the key. If you don't understand a mistake, go back to the grammar. At the back of the book there is a grammatical index to help you find the section you require.

Drills These are intended to be spoken aloud, for both pronunciation and grammar practice. Cover all but the top line with a sheet of paper, because the answer is given on the next line. Work through the drills line by line and use them as a test to see if you are ready to move on to the next chapter; if you can complete them fluently, then you are. If you are not, carefully go through the chapter again.

Conversation Each week contains a sample of standard colloquial Dutch. It is important to remember that idiomatic language cannot be translated word for word. An English translation is given to enable you to compare idioms. Practise reading the Dutch conversation aloud until you can do so without hesitating.

The course is rounded off with a few reading passages that have been graded according to their grammatical content; by the time you have completed Week 8, you should have sufficient knowledge to manage the first two passages. As a whole, the book provides the sound grammatical basis needed in order to speak, understand, read and write Dutch. But it is important to continue expanding your vocabulary through reading, listening to the radio if possible and, best of all, through visiting the country. We hope you will enjoy this course, and wish you success with your studies.

Contents

Week 1

You will learn:
- stress, voiced consonants
- consonants
- vowels
- spelling rules related to pronunciation

The grammar includes:
- personal subject pronouns ('I', 'you', 'he', etc)
- present tense of 'zijn' ('to be') and 'hebben' ('to have')
- question form

1 PRONUNCIATION

It cannot be emphasized strongly enough that the only way the student will learn to pronounce Dutch sounds correctly is by imitating a Dutch speaker. If at all possible, then, you should listen to the pronunciation on the CDs over and over again until you can make the same sounds as the voice on the tape. Particular attention should be paid to the vowel sounds which are very different from English vowels. The consonants, on the other hand, are the same as in English in most cases.

Although the spelling of individual sounds is given below in the pronunciation sections 1–3, we shall look at the spelling of Dutch in more detail in section 4.

Stress in Dutch generally falls on the first syllable of a word, as in English (e.g. CAR-pet). On the first appearance of any word that is an exception to this rule, we will indicate where the stress falls by a stroke (') placed before the stressed syllable (e.g. **het'zelfde**, where the second syllable is stressed, **het-ZELF-de**). This will not apply, however, where the Dutch word begins with an unstressed prefix (see section 31c), since this is a rule you can learn and implement yourself.

NOTE: Voiced consonants are those which are produced with vibration of the vocal cords, e.g. b. When voiceless consonants are produced, the vocal cords do not vibrate,

1

e.g. p. This distinction is important for the description of certain Dutch consonants in section 2.

2 CONSONANTS

s, f, h, b, d, z, l, m, n, and **ng** (as in English 'sing') are the same in Dutch as in English.

p, t, k are pronounced like their English counterparts but without the puff of air which follows the English sound. You can test this by holding your hand in front of your mouth and saying 'put'. You should feel the escape of breath immediately after the p sound. This must not happen when making the Dutch sounds.
Practise saying the Dutch word **pet** (cap).

ch: Dutch **ch** spells one sound. It is the same sound as the ch in Scottish 'loch' or German 'Bach' and made by friction at the back of the mouth.
Practise saying **licht** (light).

sch: Dutch has a combination of **s** followed by **ch**, as in **schip** (ship) which is very difficult for an English speaker to pronounce and requires special attention.

g: Beware! **g** in Dutch is never pronounced in the English way. It is the same sound as **ch**, although it is voiced in some parts of the country.
Practise: **gek** (mad). Occasionally **g** is pronounced like the s in English 'measure'.

w is pronounced like English v when it occurs before **r**. Otherwise it is made like English w but usually with the bottom lip against the top teeth. Aim for a sound in between an English v and an English w.
Practise: **wit** (white).

v is like English v in 'give' although its pronunciation is sometimes closer to that of English f, especially at the beginning of words.

Practise: **vet** (fat).

r is made either by trilling the tongue against the back of the top teeth (rolled r) or by friction at the back of the mouth (guttural r). It is always pronounced in Dutch. Practise: **pret** (fun).

There are three more consonants in Dutch which sound the same as English sounds but which are spelt differently:

j is pronounced the same as English y
sj is pronounced similarly to English sh
tj is pronounced similarly to English ch

3 VOWELS

This section is divided into four parts (A–D), which will be explained further in section 4.

A Some of the vowels have alternative spellings as indicated but the sound is the same in each case.

aa/a This vowel is like English a in 'cat' but longer.
Practise: **straat** (street), **water** (water).

ee/e This is similar to the English vowel sound in 'hail', although it is shorter. The lips should be stretched as if in a smile.
Practise: **heel** (whole), **beter** (better).

ie This is like the English vowel sound in 'neat', but shorter.
Practise: **niet** (not).

oo/o This vowel is similar to the English vowel sound in 'boat', but it is shorter. The lips must be rounded.
Practise: **boot** (boat), **stro** (straw).

oe This vowel is very like the English oo in 'pool', but shorter and made further back in the mouth.

The lips should be rounded.
Practise: **poel** (pool).

eu　There is no equivalent sound in English. Make
Dutch **eu** by pronouncing the English vowel
sound in 'hurt', but with the lips tightly rounded.
Practise: **neus** (nose).

uu/u　There is no equivalent vowel sound in English.
Make Dutch **uu** by pronouncing English oo as in
'loot' and tightly pursing the lips whilst pressing
the tongue against the bottom teeth.
Practise: **muziek** (music), **buur** (neighbour).

All the vowel sounds listed above are pronounced
much longer if followed by an **r**.
Practise: **paar** (pair), **peer** (pear), **dier** (animal),
noord (north), **boer** (farmer), **deur** (door),
duur (expensive).

B The following vowel sounds are different from those
spelt similarly in section 3A. They are, in addition, always
short:

a　There is no equivalent sound in English. Make
Dutch **a** by saying the English vowel sound as
in 'hard' but pronounced very short.
Practise: **man** (man).

e　This vowel is very like the English vowel sound in
'bet', but it is shorter.
Practise: **vet** (fat).

i　This is very like the English vowel sound in 'bit',
but it is shorter.
Practise: **wit** (white).

o　This vowel sound is similar to the English o as
in 'pot', but it is shorter and the lips are rounded.
Practise: **pot** (pot).

u There is no equivalent sound in English. Make the Dutch **u** by saying the English vowel sound in 'dirt' but pronounced very short. Practise: **bus** (bus).

C The following sounds are diphthongs or combinations of two vowels.

ei/ij This sound is not found in English. It is somewhere between the sound in English 'light' and the sound in English 'late'. Practise: **trein** (train), **fijn** (fine).

aai This sound is a combination of Dutch **aa** and **ie**. Practise: **taai** (tough).

oei This sound is a combination of Dutch **oe** and **ie** Practise: **groei** (growth).

ooi This sound is a combination of Dutch **oo** and **ie**. Practise: **mooi** (beautiful).

ou/au This sound is not found in English. Pronounce the English diphthong in 'shout' but make the first vowel of the diphthong more like English o as in 'shot'. Practise: **nou** (now), **blauw** (blue).

eeuw This sound is a combination of Dutch **ee** and **oe**. Practise: **leeuw** (lion).

ieuw This sound is a combination of Dutch **ie** and **oe**. Practise: **nieuw** (new).

uw This sound is a combination of Dutch **uu** and **oe**. Practise: **sluw** (sly).

ui This sound is not found in English. Make Dutch **ui** by pronouncing the English vowel sound as in 'house' with the lips tightly rounded and the

tongue pressed against the bottom teeth.
Practise: **huis** (house), **tuin** (garden).

D There is one last vowel sound in Dutch. It is a short, weak vowel occurring only in unstressed syllables. It is like the English sound at the beginning of 'along'. It is spelt in a variety of ways.

Practise: **e**   **de** (the)

          ee   **een** (a)

          i   **aardig** (nice)

          ij   **vriendelijk** (kind).

4 SPELLING

Dutch spelling poses few problems compared with English spelling. But there are some points about vowels that require your attention.

In section 3B there are four vowel sounds **a**; **e**; **o**; **u** which are always spelt with one letter. You will have noticed, however, that some of the vowels described in 3A are spelt in two ways: **aa** or **a**; **ee** or **e**; **oo** or **o**; **uu** or **u**. The most important spelling rule in Dutch deals with the spelling of these vowel sounds:

In closed syllables, i.e. those that end in a consonant, the letter is doubled – e.g. **aa** as in **maan** (moon).

If another syllable is added, such as the plural ending **-en**, the vowel spelling changes to a single letter e.g. **manen** (moons). This is because the syllable is now open, i.e. it ends in a vowel, as the syllable division is drawn before the consonant: **ma/nen**.

So with a 3A vowel the rule is: write double letters for the vowel in syllables ending with a consonant, and a single letter in syllables ending with a vowel. (Note that the change of spelling does not affect the way the vowel sounds.)

A 3B vowel must always be written in closed syllables. So, for example, the plural of **man** (man) is **mannen**. The final consonant is doubled, thus keeping the first syllable closed.

The following table will give a clearer view of the spelling system of Dutch vowels. The top line of each pair represents the 3A class of vowel, the bottom line represents the 3B class:

	singular	plural
	maan	**manen**
compare:	**man**	**mannen**
	peen (carrot)	**penen**
compare:	**pen** (pen)	**pennen**
	poot (paw)	**poten**
compare:	**pot**	**potten**
	buur	**buren**
compare:	**bus**	**bussen**

There is only one exception to this rule. A 3A vowel is normally spelt with one letter at the end of a word (open syllable) as in **sla**, **stro**, **paraplu**, with the exception of **ee**, hence **zee** (sea). The spelling of the other vowel sounds is invariable. All other spelling matters will be dealt with as they arise.

Exercise 1

Read the following list of words aloud:

boer, peer, straat, boot, poel, man, pot, trein, tuin, leeuw, bus, buur, pen, poot, taai, aardig, nieuw, groei, mooi, nou.

Exercise 2

1

Write down the plurals of these nouns by adding -en and adjusting the spelling where necessary:

trein, leeuw, boer, peer, poot, buur, pen, tuin, bus, boot, pot, straat, man, deur, maan.

Drills

Read the Preface on page 4 before starting drills.

Repeat the following sentences several times: first by imitating what you hear without looking at the book and then by listening and reading. If you do not have the CDs, use the drill for reading practice. If you are ever in doubt about pronunciation, refer back to this lesson. Never hazard a guess.

De man is vriendelijk.	The man is kind.
De tuin is mooi.	The garden is beautiful.
De trein is nieuw.	The train is new.
De buurman is aardig.	The neighbour is nice.
De boer zit in de bus.	The farmer is sitting on the bus.
Een leeuw is een dier.	A lion is an animal.

VOCABULARY

aardig	nice	**duur**	expensive
blauw	blue	**een**	a
de boer	farmer	**fijn**	fine
de boot	boat	**groei**	growth
de bus	bus	**het huis**	house
de buur	neighbour	**in**	in
de buurman	male neighbour	**is**	is
		de leeuw	lion
de	the	**de maan**	moon
de deur	door	**de man**	man
het dier	animal	**mooi**	beautiful

niet	not	**sluw**	sly
nieuw	new	**de straat**	street
nu	now	**de stro**	straw
paar	pair	**taai**	tough
de para'plu	umbrella	**de trein**	train
de peen	carrot	**de tuin**	garden
de peer	pear	**vriendelijk**	kind,
de pen	pen		friendly
de pet	cap	**het water**	water
de poel	pool	**wit**	white
de poot	paw	**de zee**	sea
de pot	pot	**zit**	sits, is
de sla	lettuce		sitting

4A THE IMITATED PRONUNCIATION

Any system of 'imitated pronunciation' (where the sound of the foreign word is written down as if it was in English syllables) is bound to have drawbacks. The author of this book is totally against such imitative methods. However, it must be said that some students will have no Dutch speaker to help them, and will also be unable to use our CD recordings of the text. They also need to be sure that their pronunciation is reasonably accurate before they get into bad habits. The use of 'imitated pronunciation' is obviously helpful to such students, so we are maintaining a well-known feature of Hugo language courses by providing it for certain key words and the vocabulary lists in the early part of the course. Refer to the guide only as a last resort, and remember that the need to do so means that you really ought to revise this first week.

Read the imitated pronunciation as if you were sounding English syllables, bearing in mind these modifications:

HG represents the guttural **ch** or **g**.
r in italics is silent, being put there to ensure you sound the preceding English vowel correctly.
EE represents the long Dutch **uu/u**.

a in bold italics represents the short Dutch **a**.
OW represents the Dutch **ui** sound.
ER represents the Dutch **eu** sound.

Remember that when you see ow (in small letters, not capitals) in the imitated pronunciation, it should sound more like ow in 'how' than in 'blow', but not emphatically so. The ah in an imitation like 'straht' (for the Dutch **straat**) should not be too long. When we put a double **ff**, sound it as an English f; a single **f** (standing for the Dutch **v**) may be sounded somewhere between the English f and v. The Dutch **w** is represented by a **v** in the imitated pronunciation but you may modify this English v-sound towards that of **w**, as the earlier notes instruct you.

4B THE DUTCH ALPHABET

The Dutch alphabet consists of the same letters as the English, but the letters Q, X, and Y are only used in foreign words.

A	ah	J	yay	S	ess
B	bay	K	kah	T	tay
C	say	L	ell	U	**EE**
D	day	M	emm	V	fay
E	ay	N	enn	W	vay
F	eff	O	oh	X	iks
G	**HG**ay	P	pay	Y	ee-**HG**rek
H	hah	Q	k**EE**	Z	zett
I	ee	R	air		

5 PERSONAL SUBJECT PRONOUNS: I, YOU, HE, SHE, ETC

singular	stressed	unstressed	
1st person	**ik**	(**'k**)	I
2nd person			
(informal)	**jij**	**je**	you
(formal)	**u**		you

3rd person	**hij**	**(ie)**	he
	zij	**ze**	she
	het	**'t**	it
plural			
1st person	**wij**	**we**	we
2nd person			
(informal)	**jullie**	**je**	you
(formal)	**u**		you
3rd person	**zij**	**ze**	they

The informal second person pronouns **jij** and **jullie** are generally used when speaking to family and friends. The second person formal pronoun **u** is used when talking to strangers and to superiors.

Note that some pronouns have an unstressed form which follows the stressed form in the table above. The unstressed form is the one commonly used in speech unless special emphasis is required. The stressed forms are commonly used in writing. The unstressed forms given in brackets are never used when writing. The other unstressed pronouns – the ones without brackets – are used in less formal writing.

Je, the unstressed form of the informal plural 'you' **jullie**, can only be used once **jullie** has been mentioned. This avoids confusion with the singular, which also has **je** as its unstressed form. The risk of confusion is particularly strong as **je** is always used with a singular verb.

IMITATED PRONUNCIATION (5)

ick/'k; yey/yer; **EE**; hey/ee; zey/zer; het/ert; vey/ver; yerl-lee/yer; **EE**; zey/zer.

6 ZIJN ('TO BE')

One of the most useful parts of any language is the verb 'to be'. But zijn is irregular and must therefore be learnt by heart. Note that although the words for 'she' and 'they' are the same when used with a verb, the form of the verb distinguishes between them.

Present tense

singular
ik ben   I am
jij bent   you are
u bent   you are
hij is   he is
zij is   she is
het is   it is

plural
wij zijn   we are
jullie zijn you are
u bent   you are
zij zijn   they are

IMITATED PRONUNCIATION (6)

zeyn; ick ben; yey bent; **EE** bent; hey iss; zey iss; het iss; vey zeyn; ye*r*l-lee zeyn; **EE** bent; zey zeyn.

7 QUESTION FORM

The interrogative or question form of **zijn** consists of switching round the personal pronoun and the verb, just as in English. For example:

ben ik?   am I?
ben jij?   are you?
is hij?   is he?

This switching round of subject and verb is called 'inversion'. Whenever inversion occurs in Dutch, the **jij**-form of the verb drops its **-t** ending, for example **ben jij?**

For more on questions, see section 19.

8 HEBBEN ('TO HAVE')

Present tense

singular
ik heb	I have
jij hebt	you have
u hebt/heeft	you have
hij, zij, het	he, she,
heeft	it has

plural
wij hebben	we have
jullie hebben	you have
u hebt/heeft	you have
zij hebben	they have

Like **zijn**, **hebben** is also irregular and it is best learnt by heart.

When inverted for a question, the second person singular form of the verb also drops its **-t** ending, for example **heb jij?**

IMITATED PRONUNCIATION (8)

heb-ber; ick hep; yey hept; **EE** hept/hayft; hey/yey/het hayft; vey heb-ber; yerl-lee heb-ber; **EE** hept/hayft; zey heb-ber.

1

VOCABULARY

alle'bei	both
dus	so
en	and
erg	very
hebben	to have
hoofdpijn hebben	to have a headache
keelpijn hebben	to have a sore throat
koorts hebben	to have a temperature
het'zelfde	the same thing
ja	yes
mis'schien	perhaps
moe	tired
ook	too, also
pre'cies	exactly, precisely
wat vreemd!	how funny! how odd!
ziek	ill

IMITATED PRONUNCIATION

al-ler-'bey; derss; en; er**HG**; heb-ber; hohft-peyn ...;
kayl-peyn ...; kohrts ...; ert-zelv-der; yah; miss-'**HG**een;
moo; ohk; pray-'sees; vat fraymt; zeek.

Exercise 3

Translate the following into English:

1 Is de man aardig?
2 Jullie zijn gek.
3 Ik ben erg ziek.
4 Zij is ook ziek.
5 Ben jij moe?
6 Wij zijn ook moe.
7 De buren zijn vriendelijk.
8 Zij zijn erg aardig.
9 U bent erg vriendelijk.
10 Jij bent sluw.

Exercise 4

Translate the following into English:

1 Hij heeft een huis.
2 Het heeft een tuin.
3 Hebben de buren een boot?
4 Wij hebben een tuin en een boot.
5 Heb jij een paraplu?
6 Ik heb een peer.
7 Jullie hebben keelpijn.
8 Heeft de boer een leeuw in de tuin?
9 Leeuwen hebben poten.
10 Heeft u een pen?

Exercise 5

Translate the following into Dutch:

1 Are the neighbours friendly?
2 He is nice.
3 She is very ill.
4 We have a house and a garden.
5 The house is new.
6 Do you (formal) have an animal in the garden?
7 Yes, I have a lion.
8 You (singular) have a pen and an umbrella.
9 They are both new.
10 You (plural) are tired and ill.
11 I am also ill.
12 You (formal) are very beautiful.
13 The moon is also beautiful.
14 They have a boat.
15 Do you (singular) have a boat too?

Drills

For drills 1 and 2, substitute the word in the second column for the word in **bold** type in the first. For drill 3, respond to the stimulus, in each case substituting the first word as before. Alter the form of the verb if necessary and always keep the next line covered.

1 Substitution drill

Hij is ziek.	**wij**
Wij zijn ziek.	**jullie**
Jullie zijn ziek.	**ik**
Ik ben ziek.	**zij** (plural)
Zij zijn ziek.	**u**
U bent ziek.	**zij**
Zij is ziek.	**jij**
Jij bent ziek.	

2 Substitution drill

Ik heb hoofdpijn.	**zij** (plural)
Zij hebben hoofdpijn.	**hij**
Hij heeft hoofdpijn.	**u**
U hebt hoofdpijn.	**jullie**
Jullie hebben hoofdpijn.	**zij**
Zij heeft hoofdpijn.	**jij**
Jij hebt hoofdpijn.	**wij**
Wij hebben hoofdpijn.	

3 Stimulus-response drill

S Ik heb hoofdpijn.
R Wij hebben hoofdpijn.

S Jij hebt koorts.
R Jullie hebben koorts.

S Zij heeft keelpijn.
R Zij hebben keelpijn.

S Hij is aardig.
R Zij zijn aardig.

S Ik ben moe.
R Wij zijn moe.

S Jij bent ziek.
R Jullie zijn ziek.

CONVERSATION

We zijn allemaal ziek!

BEA **Ben jij moe?**
WILLEM **Ja, ik ben erg moe.**
BEA **Is hij ook moe?**
WILLEM **Ja, hij is ook erg moe.**
BEA **Dus jullie zijn allebei moe.**
WILLEM **We hebben allebei hoofdpijn.**
BEA **Hebben jullie misschien ook koorts?**
WILLEM **Ja, en keelpijn.**
BEA **Wat vreemd! Ik heb precies hetzelfde.**
WILLEM **Ben jij ziek?**
BEA **Ja. Jullie zijn dus ook ziek.**

TRANSLATION

We're all ill!

BEA Are you tired?
WILLEM Yes, I'm very tired.
BEA Is he tired too?
WILLEM Yes, he's very tired too.
BEA So you're both tired.
WILLEM We've both got a headache.
BEA Perhaps you've got a temperature too.
WILLEM Yes, and a sore throat.
BEA How funny! I've got exactly the same thing.
WILLEM Are you ill?
BEA Yes. So you are ill too.

Week 2

Continuing with some basic groundwork, including:
- articles 'de' and 'het' ('the'), and 'een' ('a')
- common gender and neuter nouns in the singular
- demonstratives ('this', 'that', 'those')
- forms of address
- the various plural formations (-en, -s, -eren)
- feminine nouns, both singular and plural forms

9 | NOUNS AND ARTICLES

The Dutch definite article (the equivalent of the English 'the') may be either **de** or **het**, depending on the type of noun that follows it.

1 Common nouns, also known as nouns of common gender, are preceded by **de**, for example, **de man, de tuin**.

2 There are also neuter nouns in Dutch, for example **huis** (house). These are preceded by the definite article **het**, for example **het meisje, het huis**. In speech, **het** is nearly always pronounced **et** or **'t.**

3 All plural nouns have **de** as their definite article whether they are of common or neuter gender. For example: **de mannen, de huizen**

NOTE: There is no easy way of telling whether a noun is common or neuter. The only way to remember them is to learn noun and article together.

Een (English a, an) is the indefinite article in Dutch. It is used before all singular nouns, both common and neuter, e.g. **een man** and **een huis**. It is pronounced with the weak vowel sound (see 3D). As in English, it cannot be used before a plural noun.

As you saw in section 5, English 'it' is sometimes translated by **het**. But it is also sometimes represented by **hij** ('he'). Dutch uses **het** as a pronoun to refer to objects denoted by neuter **'het-nouns'** and **hij** to refer to objects denoted by common-gender **'de-nouns'**.

For example:
Het huis: het is groot. The house: it is large.
De boot: hij is groot. The boat: it is large.

2

IMITATED PRONUNCIATION (9)

man; tOWn; hOWss; der; der man; der tOWn; het; ert mey-sher; ert hOWss; der man-ner; der howz-er; em; em man; em hOWss; HGroht; boht.

10   DEMONSTRATIVES: THIS, THAT, THESE, THOSE

Dutch has two words for 'this': **deze** and **dit**. **Deze** is used before common nouns and **dit** is used before neuter nouns.

For example:
deze man, dit huis.

Deze is used with all plurals.

For example:
deze mannen, deze huizen.

Dutch also has two words for 'that': **die** and **dat**. **Die** is used before common nouns and **dat** before neuter nouns.

For example:
die man, dat huis.

Die is used with all plurals.

For example:
die mannen, die huizen.

WEEK 2 | **25**

These demonstratives – **deze/dit** and **die/dat** – can be
used independently to refer to a noun already mentioned.
English uses 'this (one)', 'that (one)', 'these (ones)' and
'those (ones)'.

For example:
Twee jurken: deze is mooi maar die is duur.
Two dresses: this one is pretty, but that one is expensive.

Deze and **die** are used in this case because **jurk** is a
common gender noun. As one would expect, **dit** and
dat are used with neuter nouns.

For example:
Twee huizen: dit is groot maar dat is klein.
Two houses: this one is big, but that one is small.

All plurals use **deze** and **die**.

For example:
**Zie je de schoenen in die etalage? Deze zijn mooi
maar die zijn duur.**
Do you see the shoes in that shop window? These are
pretty, but those are expensive.

Sometimes **die** is simply used as an alternative to the
pronouns **hij/zij/zij** ('he (it)/she/they'). Similarly, **dat**
sometimes replaces **het** ('it').

For example:
Zie je de buren? Die zijn erg aardig.
Do you see the neighbours? They are very nice.

IMITATED PRONUNCIATION (10)

day-zer; dit; dee; dat; tvay yerrk-er; mah'ee; mahr;
dEEr; kleyn; sHGoon-er; ay-tah-'lah-zher; bEEr-er;
ahr-derHG.

11 DIT/DAT/HET + ZIJN + NOUN

Dutch has a special construction used when identifying or describing people or things. It is introduced by either **dit**, **dat**, or **het**.

For example:
Dit is Jan. This is Jan.
Dat is de buurman. That is the neighbour.
Het is de buurvrouw. It's the neighbour.

If the noun is plural, the verb also takes the plural form, but **dit**, **dat**, or **het** never change.

For example:
Dit zijn de schoenen. These are the shoes.
Dat zijn de jurken. Those are the dresses.
Het zijn de buren. They are the neighbours.

VOCABULARY

bedoel je	do you mean
een beetje	a bit
bijna	almost
daar	there, over there
dik	fat
eigenlijk	actually, really
de etal'age	shop window
het is geen gezicht!	(it's) not a pretty sight!
groot	large
het haar	hair
de jongen	boy
de jurk	dress
kaal	bald
het kind	child
klein	small
kort	short
maar	but
het meisje	girl
me'juffrouw	Miss

2

WEEK 2 | 27

me'neer	Mr
me'vrouw	Mrs/Ms
na'tuurlijk	natural
normaal	normal
nou!	well!
of	or
de pruik	wig
de rok	skirt
de schoen	shoe
slecht	bad
te	too
ten'minste	at least
twee	two
van	of
veel	much, many, a lot
verschrikkelijk	terrible
versleten	down at heel, worn out
de vrouw	woman
wat jammer!	what a pity!
weg	away, gone
wel nee	oh no
zie je	do you see
zo	so

IMITATED PRONUNCIATION

ber-dool yer; ern bayt-yer; bey-nah; dahr; dick; ey-
HGer-lerk; der ay-tah-'lah-zher; HGroht; ert hahr; der
yong-er; der yerrk; kahl; ert kint; kleyn; kort; mahr;
ert mey-sher; mer-'yer-frow; mer-'nayr; mer-'vrow;
nah-'tEEr-lerk; nor-mahl; now; off; der prOWk; der
rock; der sHGoon; sleHGt; ter; ten-'minss-ter; tvay;
fan; fayl; fer-'sHGrick-er-lerk; fer-'slay-ter; der frow;
vat yam-mer; veHG; vel nay; zee yer; zoh.

PRONUNCIATION NOTE: Words that have a prefix such
as **ver-** are stressed on the following syllable. This is
normal, so we don't indicate ['] in the vocabulary list.
See further note in section 31.

FORMS OF ADDRESS

meneer (Mr), **mevrouw** (Mrs), **mejuffrouw** (Miss)

Each is written with a small initial letter and precedes the surname. **Mejuffrouw** is only used in correspondence. **Meneer** and **mevrouw** can be used on their own when addressing a stranger.

For example:
Goede morgen, meneer Smit.
Good morning, Mr Smith.
Pardon, meneer.
Excuse me.

This latter usage is still current, whereas, the use of its English equivalent, 'sir', is very restricted.

When addressing an envelope, put **de Heer** instead of **meneer**. The feminine forms are abbreviated to **Mevr.** and **Mej.**, while **Mw.** corresponds to the English Ms.

Exercise 6

Translate the following into English:

1 De man is klein.
2 Het meisje is erg dik.
3 De huizen zijn veel te groot.
4 De vrouw heeft een pruik.
5 De buren hebben een kind.
6 Het is een meisje.
7 Het meisje zit in de tuin.
8 De schoenen zijn een beetje versleten.
9 Het dier is niet vriendelijk.
10 Het is sluw.

Exercise 7

Translate the following into English:

1 Dit huis heeft een tuin.
2 Dat huis is te klein.
3 Die huizen zijn erg groot.
4 Deze jurk is te kort.
5 Deze schoenen zijn een beetje groot.
6 Die schoenen zijn veel te klein.
7 Zie je deze jongen en dit meisje?
8 Die zijn erg aardig.
9 Dat zijn de buren.
10 Die is aardig maar die is niet zo vriendelijk.

Exercise 8

Translate the following into Dutch:

1 This boy has a boat.
2 That girl has a pen.
3 These men are very kind.
4 Those women are also kind.
5 This house is large, but that one is small.
6 That garden is too big.
7 Those shoes are very expensive.
8 That dress is too short, but this one is very pretty.
9 These are the neighbours.
10 They are not very nice.
11 That animal over there is a lion.
12 This is the farmer.
13 He is sitting in a boat.
14 This boat is new and that one is too.
15 These women are both tired.

Drills

For drill 1, substitute the word in the second column for the word in bold type in the first, altering the form of the demonstrative and verb if necessary. For drill 2, respond to the stimulus. In both cases, remember to keep the next line covered.

1 Substitution drill

Dit **huis** is klein.	**boot**
Deze **boot** is klein.	**meisje**
Dit **meisje** is klein.	**schoenen**
Deze **schoenen** zijn klein.	**tuin**
Deze **tuin** is klein.	**kind**
Dit **kind** is klein.	**huizen**
Deze **huizen** zijn klein.	**paraplu**
Deze **paraplu** is klein.	

2 Stimulus-response drill

S Die jongen is erg aardig.
R Deze is ook aardig.

S Dat dier is erg ziek.
R Dit is ook ziek.

S Die vrouwen hebben hoofdpijn.
R Deze hebben ook hoofdpijn.

S Dat kind heeft koorts.
R Dit heeft ook koorts.

S Die schoenen zijn erg versleten.
R Deze zijn ook versleten.

S Die jurk is erg kort.
R Deze is ook kort.

CONVERSATION

Mensjes kijken / People-watching

MEVROUW SMIT	**Zie je die twee vrouwen daar?**
MENEER DE WIT	**Bedoel je die met de jurk en die met het haar?**
MEVROUW SMIT	**Ja. Dat haar is veel te kort. Ze is bijna kaal.**
MENEER DE WIT	**Wel nee! Nou …. Maar zie je die met de jurk!**
MEVROUW SMIT	**Die is wel een beetje dik maar het haar is tenminste normaal.**
MENEER DE WIT	**Die jurk is te kort.**
MEVROUW SMIT	**Nou, de jurk is niet zo slecht – zie je die schoenen?**
MENEER DE WIT	**Die zijn wel erg versleten. Het is geen gezicht!**
MEVROUW SMIT	**Bedoel je die met de jurk of die met het haar?**
MENEER DE WIT	**Allebei eigenlijk. Wat jammer! Ze zijn weg!**

TRANSLATION

MEVROUW SMIT	Do you see those two women over there?
MENEER DE WIT	Do you mean the one with the dress and the one with the hair?
MEVROUW SMIT	That hair is much too short. She's almost bald.
MENEER DE WIT	No it isn't. Well …. But do you see the one with the dress!
MEVROUW SMIT	She's a bit fat, but at least her hair's normal.
MENEER DE WIT	That dress is too short.
MEVROUW SMIT	Mm, the dress isn't so bad – do you see those shoes?
MENEER DE WIT	They're very down at heel. Not a pretty sight!
MEVROUW SMIT	Do you mean the one with the dress or the one with the hair?
MENEER DE WIT	Both, really. What a pity! They've gone.

13 NOUN PLURALS ENDING -EN

The most frequent way of forming noun plurals in Dutch is to add **-en** to the singular noun, as in:

maan→ **manen**
man→ **mannen**

SPELLING NOTE: Please read section 4 again, and remember to apply the spelling rules.

PRONUNCIATION NOTE: The final **-n** is not usually pronounced, e.g. **manne(n)**.

s and **f** at the end of a noun are replaced by **z** and **v** respectively on the addition of the plural ending:

huis→ **huizen,**
wolf→ **wolven**

PRONUNCIATION NOTE At the end of a word **d** and **b** are pronounced t and p respectively. When the plural ending is added, **d** and **b** are pronounced as themselves, as in:

het bed→ bedden
ik heb→ wij hebben

A few nouns which add **-en** in the plural also change their vowel sound. The most useful ones are:

de dag (day)	**dagen**
het dak (roof)	**daken**
het glas (glass)	**glazen**
het schip (ship)	**schepen**
de stad (town)	**steden**
de weg (road)	**wegen**

Compare these with the examples in section 4. If the vowel sound of **dag** were to be preserved, the g would be doubled in the plural, in the same way as the **n** is doubled in **mannen**. But the vowel sound in **dagen** is the same as the vowel sound in **maan**. Similarly with **dak** and **glas** and **weg**. In other words, class 3B vowels in the singular become class 3A vowels in the plural.

IMITATED PRONUNCIATION (13)

mahn; mahn-e*r*; m*a*n; m*a*n-ne*r*; h**OW**ss; h**OW**-ze*r*; volff; volf-e*r*; bet; bed-de*r*; hep; heb-be*r*; d*a***HG**; dah-**HG**e*r*; d*a*k; dah-ke*r*; **HG**l*a*ss; **HG**lah-ze*r*; s**HG**ip; s**HG**ay-pe*r*; st*a*t; stay-de*r*; ve**HG**; vay-ge*r*.

14 NOUN PLURALS ENDING -S

Some Dutch nouns form the plural by adding **-s**. They are:

1 Nouns ending in **-el, -em, -en, -er** or **-je**.

For example:

de tafel (table)	**tafels**
de bezem (broom)	**bezems**
het laken (sheet)	**lakens**
de vader (father)	**vaders**
het meisje (girl)	**meisjes**

2 Nouns ending in **-a, -o** or **-u**. The plural ending is always preceded by an apostrophe in this case.

For example:

de foto (photograph)	**foto's**
de paraplu (umbrella)	**paraplu's**

3 Most nouns ending in an unstressed vowel:

de tante (aunt)	**tantes**
de am'bitie (ambition)	**ambities**

4 Most foreign words (usually English or French).

For example:
de tram (tram)　　　　　**trams**
het per'ron (platform)　　**perrons**

IMITATED PRONUNCIATION (14)

tah-fe*r*l; tah-fe*r*ls; bay-zem; bay-zems; lah-ke*r*; lah-kens; fah-der; fah-ders; mey-she*r*; mey-shess; ffoh-toh; ffoh-tohs; pah-rah-'plEE; pah-rah-'plEEs; t*a*n-te*r*; t*a*n-te*r*s; am-'beet-see; *a*m-'beet-sees; trem; trems; pehr-'ron; pehr-'rons.

15　NOUN PLURALS ENDING -EREN

A small group of neuter nouns add **-eren** in the plural. The most useful ones are listed below:

het blad (leaf)　　　　　**bladeren**
het ei (egg)　　　　　　**eieren**
het kind　　　　　　　**kinderen**
het lied (song)　　　　　**liederen**
het volk (nation, people)　**volkeren** (also **volken**)
het been (bone)　　　　**beenderen** (inserts **d** before suffix)

NOTE: **het been** (leg)　　**benen** (legs)

IMITATED PRONUNCIATION (15)

bl*a*t; blah-de*r*-re*r*; ey; ey-e*r*-re*r*; kint; kin-de*r*-re*r*; leet; lee-de*r*-re*r*; folk; fol-ke*r*-re*r*/fol-ke*r*; bayn; bayn-de*r*-re*r*; bayn; bay-ne*r*.

16　FEMININE NOUNS

To indicate the female of many occupations, nationalities and animals, Dutch adds one of five endings – usually to the masculine word for the same occupation, nationality, etc. Each new feminine word needs to be learnt, but examples of the five suffixes are given below:

1 -in (plural **-nen**) This suffix is always stressed, as in:

boer (farmer)	**boerin** (farmer, farmer's wife)
leeuw (lion)	**leeuwin** (lioness)
Rus (Russian man)	**Russin** (Russian woman)
koning (king)	**koningin** (queen)

2 -es (plural **-sen**) Stressed:

leraar (male teacher)	**lerares** (female teacher)
prins (prince)	**prinses** (princess)

3 -esse (plural **-n**) Stressed. This suffix replaces the **-is** ending of the masculine noun.

secret'aris (male secretary)	**secretar'esse** (female secretary)
bibliothek'aris (male librarian)	**bibliothekar'esse** (female librarian)

4 -e (plural **-n** or **-s**) Unstressed. For example:

stud'ent (male student)	**stud'ente** (female student)
telefon'ist (male telephonist)	**telefon'iste** (female telephonist)

For most nationalities, an unstressed **-e** is added to the adjective of nationality, as in:

Engels (English)	**Engelse** (English woman)
Nederlands (Dutch)	**Nederlandse** (Dutch woman)

5 -ster (plural **-s**) Unstressed. This ending is added to the stem of a verb. For example:

schrijf (write)	**schrijfster** (authoress)
verpleeg (nurse)	**verpleegster** (female nurse)

IMITATED PRONUNCIATION (16)

boor; boor-'in; lay'oo; lay'oo-'in; rerss; rerss-'in; koh-
ning; koh-ning-'in; lay-rahr; lay-rahr-'ess; prins; prin-
'sess; sehk-rer-'tah-riss; sehk-rer-tah-'ress-er; bee-blee-
oh-tay-'kah-riss; bee-blee-oh-tay-kah-'ress-er; stEE-
'dent; stEE-'dent-er; tel-eh-fohn-'ist; tel-eh-fohn-'ist-er;
eng-els; eng-els-er; nay-der-lants; nay-der-lant-ser;
sHGreyff; sHGreyff-ster; fer-'playHG; fer-'playHG-ster.

VOCABULARY

alles	everything	**hier**	here
altijd	always	**ja'zeker**	indeed
de biogra'fie	biography	**kies'keurig**	choosy fussy
(plural:		**iuistert u eens**	listen here
biografieën)		**mijn**	my
het boek	book	**moeilijk**	difficult
de dag	day	**de naam**	name
Dag!	Hello!	**de oom**	uncle
	Goodbye!	(plural: **ooms**)	
goed	good	**over**	about
goede morgen!	good	**de ro'man**	novel
	morning!	**saai**	dull, boring
(When an **e** is added to		**de schrijver**	author
goed, the **d** is pronounced		**uit**	from, out of
as a Dutch **j**.)		**weet ik veel?**	how do I
heel	very		know?

IMITATED PRONUNCIATION

al-lers; al- teyt; bee-oh-HGrahff-'ee; bee-oh-HGrahff-'ee-er;
book; daHG; HGoot; HGoo-yer mor-HGer; hayl; heer;
yah-'zay-ker; kees-'kER-rerHG; lOWss-tert EE ayns; meyn;
moo'ee-lerk; nahm; ohm; ohms; oh-ver; roh-'man; sah'ee;
sHGrey-ver; OWt; vayt ick fayl.

2

Exercise 9

Translate the following into English:

1 Ik heb twee pennen.
2 De boer heeft veel penen.
3 Wolven en leeuwen zijn dieren.
4 Huizen hebben daken.
5 De steden hebben veel wegen en straten.
6 Die vrouwen hebben heel veel boeken.
7 Studenten hebben altijd veel boeken.
8 Biografieën zijn niet altijd saai.

Exercise 10

Translate the following into English:

1 Dit zijn de jongens en meisjes van de buurvrouw.
2 Zij heeft twee tantes en twee ooms.
3 Deze foto's zijn erg goed.
4 De vaders en de moeders van die kinderen hebben allebei veel ambities.
5 Die liederen zijn erg mooi.
6 Deze paraplu's zijn groot.
7 De stad heeft veel trams.
8 Die tafels zijn nieuw.

Exercise 11

Translate the following into English:

1 De bibliothekaresse heeft veel romans.
2 De schrijfster heeft twee huizen.
3 De lerares is erg aardig.
4 Dit is mijn secretaresse.
5 De vader van de studente heeft een boot.
6 De boerinnen zijn vriendelijk.
7 Zijn prinsessen altijd mooi?
8 De Engelse is ziek: zij heeft koorts.

Exercise 12

Translate the following into Dutch:

1 These pears are expensive.
2 I have two dresses.
3 Are those novels dull?
4 The authoress has a lot of books.
5 Biographies are difficult.
6 The Dutch woman has two children.
7 Nurses are always kind.
8 The photographs of the lioness are very good.
9 The boys and girls are in the garden.
10 Are the roads good here?
11 Do you (singular) see those skirts in the shop window?
12 I have a book about ships and boats.
13 Is the teacher (f) very tired?
14 Aunts and uncles are nice.
15 Does the prince have a secretary (m)?

Drills

1 Stimulus-response drill

S Dit boek is saai.
R Deze boeken zijn ook saai.

S Deze roman is slecht.
R Deze romans zijn ook slecht.

S Deze weg is nieuw.
R Deze wegen zijn ook nieuw.

S Dit kind is aardig.
R Deze kinderen zijn ook aardig.

S Deze etalage is groot.
R Deze etalages zijn ook groot.

S Dit huis is klein.
R Deze huizen zijn ook klein.

2 Stimulus-response drill

S De leraar zit in de tuin.
R De lerares zit in de tuin.

S De bibliothekaris zit in de tuin.
R De bibliothekaresse zit in de tuin.

S De schrijver zit in de tuin.
R De schrijfster zit in de tuin.

S De boer zit in de tuin.
R De boerin zit in de tuin.

S De student zit in de tuin.
R De studente zit in de tuin.

S De telefonist zit in de tuin.
R De telefoniste zit in de tuin.

CONVERSATION

Een tevreden klant

MENEER DE BRUIN	**Goede morgen. Heeft u dat boek over de prinses?**
BIBLIOTHEKARESSE	**Ik heb veel boeken over prinsessen.**
MENEER DE BRUIN	**Deze is Engelse.**
BIBLIOTHEKARESSE	**Is het een biografie of een roman?**
MENEER DE BRUIN	**Biografieën zijn saai.**
BIBLIOTHEKARESSE	**Ook die over prinsen en prinsessen?**
MENEER DE BRUIN	**Heeft u een roman over een prinses uit Engeland?**
BIBLIOTHEKARESSE	**Jazeker, meneer. En de naam van de schrijver is ...?**
MENEER DE BRUIN	**Weet ik veel? U bent de bibliothekaresse.**
BIBLIOTHEKARESSE	**Dat is een beetje moeilijk, meneer.**
MENEER DE BRUIN	**Luistert u eens. Het is niet voor mij. Het is voor mijn vrouw. Die is niet zo kieskeurig.**

BIBLIOTHEKARESSE	**Hier heeft u een biografie van een telefoniste. Is dat goed?**
MENEER DE BRUIN	**Ja. Alles is goed. Dag mevrouw.**

TRANSLATION

A satisfied customer

MR DE BRUIN	Good morning. Have you got that book about the princess?
LIBRARIAN	I've got a lot of books about princesses.
MR DE BRUIN	This one is English.
LIBRARIAN	Is it a biography or a novel?
MR DE BRUIN	Biographies are boring.
LIBRARIANE	Even those about princes and princesses?
MR DE BRUIN	Do you have a novel about a princess from England?
LIBRARIAN	Yes indeed. And the writer's name is …?
MR DE BRUIN	How do I know? You're the librarian.
LIBRARIAN	That makes it a bit difficult.
MR DE BRUIN	Listen here. It isn't for me. It's for my wife. She's not that fussy.
LIBRARIAN	Here's a biography of a telephonist. All right?
MR DE BRUIN	Yes. Anything. Bye [madam].

Week 3

Here you will encounter some extra revision exercises. Take time to run through the ground you have already covered. New material includes:

- forming the present tense of verbs
- some useful verbs, including komen ('to come')
- asking questions: where?, what?, who?, etc

17 FORMING THE PRESENT TENSE

English has two kinds of present tense where Dutch has only one: **hij drinkt** can mean 'he drinks' or 'he is drinking'.

To form the present tense, students first need to know the stem of the verb. When a new verb is given, it will be in the infinitive form:

drinken	(to drink)
wonen	(to live)
liggen	(to lie)

The stem is formed by taking away the **-en** infinitive ending, as in:

drink-, woon-, lig-

SPELLING NOTE: For verbs like **wonen** which require doubled vowels in closed syllables (for example in the stem **woon**) and verbs like **liggen** which require a double consonant in the infinitive and single consonant in the stem, remember to apply the spelling rules given in section 4.

Here is the present tense of **drinken** (to drink):

singular
ik drink	I drink
jij drinkt	you drink
u drinkt	you drink (formal)
hij drinkt	he drinks

zij drinkt	she drinks
het drinkt	it drinks

plural

wij drinken	we drink
jullie drinken	you drink
u drinkt	you drink (formal)
zij drinken	they drink

The first person singular consists of the stem with no ending. The second and third person singular add **-t** to the stem, and **-en** is added for all plural forms.

REMEMBER: When inversion (see week 1, section 7) occurs, the second person singular form drops its **-t** ending; this is the only form affected in this way:

Jij woont in Amsterdam. You live in Amsterdam.
But:
Woon jij in Amsterdam? Do you live in Amsterdam?

Hij woont in Londen. He lives in London
But:
Woont hij in Londen? Does he live in London?

When the stem of a verb ends in **-t**, a second **-t** is never added in the singular of the present tense:

infinitive	stem	3rd person singular
zitten (to sit)	**zit**	**hij zit**
praten (to talk)	**praat**	**hij praat**

Verbs like **lezen** and **blijven** which have a **z** or a **v** before the infinitive ending, have **s** or **f** respectively in the stem and throughout the present tense singular, but not in the plural:

infinitive	stem	3rd person sing.	3rd person plural
lezen (to read)	**lees**	**hij leest**	**zij lezen**
blijven (to stay)	**blijf**	**hij blijft**	**zij blijven**

PRONUNCIATION NOTE: When the stem of a verb
ends in **-d**, this is pronounced t (see week 2, section 13).
For example:

worden (to become) = **word**- (pronounced 'wort'). The
second and third person singular ending **-t** is added to
the stem and the resulting **-dt** spells the sound t: **hij
wordt** (pronounced 'wort').

In spoken Dutch, verbs whose stem ends in **-d** preceded
by either **ij** (e.g. **rijden**) or **ou** (e.g. **houden**) drop the **-d**
in the first person singular, and in the question form of
the second person singular:

infinitive	stem	1st person sing.	2nd person sing.
rijden (to drive)	**rijd**	**ik rij(d)**	**rij(d) jij?**
houden (to hold)	**houd**	**ik hou(d)**	**hou(d) jij?**

The **-d** may be written, but it is not pronounced.

IMITATED PRONUNCIATION (17)

drink-e*r*; voh-ne*r*; li**HG**-e*r*; ick drink; yey *etc* drinkt; vey
etc drink-e*r*; zit-te*r*; hey zit; prah-te*r*; hey praht; lay-ze*r*;
hey layst; zey lay-ze*r*; bley-fe*r*; hey blayfft; zey bley-fe*r*;
vor-de*r*; hey vort; rey-e*r*; ick rey; rey yey; how-e*r*; ick
how; how yey.

1 komen to come
This verb has a change of vowel sound in the singular of the present tense. Although one would expect the stem to contain **oo**, it takes the form **kom**.

singular	plural
ik kom	**wij komen**
jij komt (kom jij?)	**jullie komen**
u komt (formal)	**u komt (formal)**
hij komt	**zij komen**

2 There are five monosyllabic verbs whose infinitives end in **-n**:

infinitive	stem
gaan (to go)	**ga**
staan (to stand)	**sta**
slaan (to hit)	**sla**
doen (to do)	**doe**
zien (to see)	**zie**

They form their present tense regularly in the singular and just add **-n** in the plural. Remember to apply the spelling rules to **gaan**, **staan** and **slaan**.

For example:

ik ga	**wij gaan**
jij gaat (ga jij?)	**jullie gaan**
u gaat	**u gaat**
hij gaat	**zij gaan**

IMITATED PRONUNCIATION (18)

koh-mer; ick kom; yey *etc* komt; kom yey; vey *etc* koh-mer; **HG**ahn; stahn; slahn; doon; zeen; ick **HG**ah; yey *etc* **HG**aht; **HG**ah yey; vey *etc* **HG**ahn.

As you have already seen in week 1, section 7, to ask a question in Dutch you simply switch around the subject and the verb. There is no equivalent to the English construction with 'do'. So **Drinkt u?** is the same as saying 'Do you drink?'

As you have also already learnt, in section 17, the Dutch present tense translates both the English 'he drinks' and 'he is drinking'. Similarly **drinkt u?** can mean 'do you drink?' or 'are you drinking?'

Questions are also introduced by **waar** (where), **wat** (what), **wie** (who), **hoe** (how), **waarom** (why), and **wanneer** (when). Inversion still occurs:

Waar woont hij? Where does he live?
Wat drink je? What are you drinking?
Wie is die man? Who is that man?
Hoe maakt u het? How do you do?
Waarom doe je dat? Why are you doing that?
Wanneer komt hij? When is he coming?

To ask 'where ... to?' Dutch adds **naartoe** to the end of a 'Where' question:

Waar ga je naartoe? Where are you going (to)?

Similarly 'where ... from?' is rendered in Dutch by adding **vandaan** to a 'Where' question:

Waar komt hij vandaan? Where does he come from?

Welk and **welke** introduce 'Which' questions. **Welk** is used in front of **het**-nouns and **welke** before **de**-nouns. For example:

Welk huis bedoel je? Which house do you mean?
Welke jurk bedoel je? Which dress do you mean?
Welke huizen bedoel je? Which houses do you mean?

IMITATED PRONUNCIATION (19)

vahr; v*a*t; vee; hoo; vah-'rom; v*a*n-nayr; nahr-'too; f*a*n-'dahn; welk; wel-ke*r*.

achter	behind	**naar**	to
het bezoek	visit	**naar huis**	home
op bezoek	on a visit	**nooit**	never
het bier	beer	**het**	restaurant
denken	think	**restau'rant**	
echt	real/really	**reuzegezellig**	great fun
het feest	party	**thuis**	at home
gezellig	pleasant	**uit**	from,
het glas	glass		out of
houden van	like, love	**van'avond**	this evening
het i'dee	idea	**vinden**	find
ja'wel	oh yes, yes	**Hoe vind**	What do
	indeed	**je ...?**	you think
kennen	know, be		of ...?
	acquainted	**voor**	for
	with	**vóór (stressed)**	in front of
leuk	nice	**de wijn**	wine
maken	make	**zo**	so
na	after		

IMITATED PRONUNCIATION

*a*HG-te*r*; ber-'zook; beer; den-ke*r*; eHGt; ffayst; HGer-'zel-lerHG; HGlas; how-e*r* f*a*n; ee-'day; yah-'vel; ken-ne*r*; lER**k**; mah-ke*r*; nah; nahr; nahr h**OW**ss; noy-eet; res-toh-'rahn; '*r*ER-zer-ger-'zel-lerHG; t**OW**ss; **OW**t; f*a*n-'ah-font; fin-de*r*; hoo fint ye*r*; fohr; foohr; veyn; zoh.

Exercise 13

Write down the first and third person singular of the following verbs:

1 liggen	**2** wonen	**3** praten	**4** drinken
5 worden	**6** zitten	**7** rijden	**8** komen
9 slaan	**10** zien	**11** houden	**12** gaan

Exercise 14

Translate the following sentences into English:

1 Wij wonen in Londen.

2 Waar woon jij?

3 Hij ligt in bed.

4 Drinken jullie veel bier?

5 Ik vind het feest erg gezellig.

6 Zij zitten in de tuin achter het huis.

7 Zij praat veel.

8 Wie woont in dat huis?

9 Wij houden van feesten.

10 Hoe vindt u de wijn in dit restaurant?

Exercise 15

Translate the following sentences into English:

1 Waar gaan de studenten naartoe?

2 Zie je die kinderen daar?

3 Zij staan vóór het huis.

4 Ik kom uit Londen.

5 Waar komen jullie vandaan?

6 Wat doen we vanavond?

7 Gaat u altijd naar dat restaurant?

8 Zij ziet de buurvrouw in de bus.

9 Dag. Ik ga naar huis.

10 Deze jongen slaat de hond nooit.

Exercise 16

Translate the following sentences into Dutch:

1 What are you (singular) doing after the party?
2 I am going home.
3 Where do they come from?
4 We live in that house.
5 Why are you (plural) sitting in the garden?
6 I am reading a book.
7 Do you (formal) know Amsterdam?
8 She is staying at home.
9 What do the children drink?
10 Who is standing over there?
11 The librarian loves parties.
12 You (singular) are talking a lot this evening.

Drills

1 Substitution drill

As before, substitute the word in the second column for the word in **bold** type in the first column and alter the verb where necessary. Remember to keep the next line covered in each case.

Hij ligt in de tuin.	**jullie**
Jullie liggen in de tuin.	**ik**
Ik lig in de tuin.	**jij**
Jij ligt in de tuin.	**wij**
Wij liggen in de tuin.	**zij** (plural)
Zij **liggen** in de tuin.	**zitten**
Zij zitten in de tuin.	**jij**
Jij zit in de tuin.	**wij**
Wij zitten in de tuin.	**zij** (singular)
Zij zit in de tuin.	

2 Stimulus-response drill

S Drinkt u altijd bier?
R Ja, ik drink altijd bier.

S Woont u hier in Amsterdam?
R Ja, ik woon hier in Amsterdam.

S Houdt u van feesten?
R Ja, ik houd van feesten.

S Praat u veel?
R Ja, ik praat veel.

S Ziet u de kinderen?
R Ja, ik zie de kinderen.

S Gaat u naar huis?
R Ja, ik ga naar huis.

S Vindt u de tuin mooi?
R Ja, ik vind de tuin mooi.

S Kent u de bibliothekaresse?
R Ja, ik ken de bibliothekaresse.

CONVERSATION

Snel gedaan

ANNEKE **Dag Lies, hoe gaat het?**
LIES **Heel goed, dank je. Ken je meneer de Groot?**
ANNEKE **Ik denk het niet. Dag meneer de Groot. Anneke Smeets.**
TON **Dag mevrouw Smeets. Hoe maakt u het?**
LIES **Meneer de Groot woont niet hier in Amsterdam. Hij woont in Leiden.**
ANNEKE **Wat leuk! Ik vind Leiden zo mooi. Hoe vindt u het feest?**
TON **Reuzegezellig, hoor.**
LIES **Wat drinken jullie?**
ANNEKE **Ik een glas wijn.**

TON	En ik een bier, alstublieft.
LIES	Ik ben zo terug.
TON	Zeg Anneke, vind je Leiden echt zo leuk?
ANNEKE	Jazeker.
TON	Waarom kom je dan niet op bezoek?
ANNEKE	Goed idee, meneer de Groot.
TON	Mijn naam is Ton. Wanneer kom je?
ANNEKE	Vanavond na het feest? Gaan we?
LIES	Hier ben ik ...
TON AND ANNEKE	Dag!

TRANSLATION

Quick work

ANNEKE	Hello Lies. How are things?
LIES	Fine, thanks. Do you know Mr de Groot?
ANNEKE	I don't think so. Hello, Mr de Groot. I'm Anneke Smeets.
TON	Hello, Ms Smeets. How do you do?
LIES	Mr de Groot doesn't live here in Amsterdam. He lives in Leiden.
ANNEKE	How nice. I think Leiden is so lovely. What do you think of the party?
TON	Oh, great fun.
LIES	What are you drinking?
ANNEKE	A glass of wine for me.
TON	And a beer for me, please.
LIES	I won't be long.
TON	Listen Anneke, do you really think Leiden is that nice?
ANNEKE	Yes, of course.
TON	Why don't you come for a visit, then?
ANNEKE	Good idea, Mr de Groot.
TON	My name is Ton. When are you coming?
ANNEKE	This evening after the party? Shall we go?
LIES	Here I am ....
TON AND ANNEKE	Bye!

Revision exercises 1

Exercise 1

Make the following sentences plural. For example:

De bibliothekaresse komt uit Utrecht.
De bibliothekaressen komen uit Utrecht.

1 Het meisje is aardig.
2 Woont de student in Rotterdam?
3 De jurk is te kort.
4 Heb je misschien hoofdpijn?
5 Dit is de jongen.
6 Een leeuw is een dier.
7 Het kind gaat naar huis.
8 Wie is die man?

Exercise 2

Fill in the gaps with an appropriate verb. Change the form of the verb if necessary. For example:

(drinken) Tante ... wijn.
Tante drinkt wijn.

wonen, praten, lezen, drinken, bedoelen, houden, zien, gaan

1 Tante ... in Den Haag.
2 Het kind ... een boek.
3 ... je die man daar?
4 Wanneer ... we naar Amsterdam?
5 Jullie ... te veel.
6 Welk huis ... je?
7 De studenten ... bier.
8 Ik ... van feesten.

Exercise 3

Fill in *deze* or *dit*.

1 … romans zijn saai.
2 Hoe vind je … restaurant?
3 … huis heeft een tuin.
4 Ik vind … schrijver erg goed.
5 … schoenen zijn veel te klein.
6 … huizen zijn te duur.
7 Houd je van … wijn?
8 … jongen woont in Leiden.
9 … meisje houdt van feesten.
10 … meisjes en … jongens zijn erg vriendelijk.

Exercise 4

Fill in *die* or *dat*.

1 Wie is … man?
2 Ken je … vrouw daar?
3 Ze woont in … huis.
4 … kind is erg moe.
5 Bent u de moeder van … kinderen?
6 Ik vind … stad erg mooi.
7 Zie je … jurk in de etalage?
8 … restaurant is veel te duur.
9 Heeft u … boek?
10 … boeken zijn te moeilijk.

Exercise 5

Below is a list of answers. Formulate the question to go with them. For example:

Ik ga naar huis.
Waar ga je naartoe?

1 Ik kom uit Londen.
2 We gaan naar het feest.
3 Ja, ik houd van wijn.
4 Meneer de Vries woont in Leiden.
5 Ze komt vrijdag op bezoek.
6 Ja, hij vindt het restaurant gezellig.

Exercise 6

Answer the following questions in the affirmative. E.g:

Leest u altijd romans?
Ja, ik lees altijd romans.

1 Drinkt u altijd bier?
2 Gaat u vanavond naar het restaurant?
3 Zit u de hele dag hier?
4 Praat u over de buren?
5 Woont u in dat huis?
6 Houdt u van lezen?
7 Heeft u hoofdpijn?
8 Bent u ziek?

Exercise 7

Fill in the gaps.

'De kinderen zijn .... Ze ... hoofdpijn en ook koorts.'
'... ze ook moe?'
'Ja, ... zijn moe. Ze liggen ... bed. De dokter ...
vanavond.'
'Nou, goed zo. Ga je ... het feest vanavond?'
'Nee, ik blijf ....'

Week 4

Topics covered include:
- commands ('Come in!', 'Move on!', etc)
- word order in Dutch sentences
- negation
- uses of the definite article 'de'/'het'
- the object pronouns ('me', 'you', 'him', etc)
- reflexive pronouns ('myself', etc)
- reflexive verbs

20 COMMANDS

The form of the verb used to give an order is the stem.

For example:
Drink!   Ga!   Blijf!

This can be used for all second persons – **jij**, **jullie** and **u** – unless one wishes to be especially polite. In this case, the **u**-form of the verb is used with inversion.

For example:
Komt u binnen! Come in!
Blijft u hier! Stay here!

An impersonal command can be given by using the infinitive:

Niet roken. Do not smoke.
Doorlopen. Move on.

21 WORD ORDER

The words in a Dutch sentence are arranged differently from the words in an English sentence.

The main verb must always be the SECOND item in the sentence:

Het meisje gaat vanavond met de trein naar huis.
The girl is going home by train this evening.

Note that items can consist of more than one word.
Where the verb is followed by an expression telling when
(TIME: item 3), an expression telling how (MANNER:
item 4) and an expression telling where (PLACE: item 5)
the action takes place, the items always occur in this
order. So, of the three – time, manner, and place – 'time'
is always first and 'place' last.

It is possible to start a sentence with items other than
the subject, for example, an expression of time:

Vanavond gaat het meisje met de trein naar huis.

Notice that **het meisje**, the subject of the sentence, is
now item 3 because the verb must remain second; but
time **(vanavond)**, manner **(met de trein)**, and place
(naar huis) remain in the 'time, manner, place' order.

22 NEGATION: 'NEE', 'NIET', 'GEEN'

The Dutch for 'no' is **nee**, and 'not' is **niet**.

Nee, ik drink niet.
No, I don't drink.

Note that **nee** is tagged on to the front of the sentence
and does not affect word order.

The position of **niet** varies. It often comes at the end of
the sentence:

Ik zie de man niet.
I can't see the man.

Zij komt vanavond niet.
She is not coming this evening.

But **niet** always precedes:

1 a preposition, as in:

Hij woont niet in Amsterdam.
He doesn't live in Amsterdam.

2 an adjective which follows the noun:

Het huis is niet groot.
The house is not large.

3 **binnen** (inside), **buiten** (outside), **beneden** (downstairs), **boven** (upstairs), and **thuis** (at home).

For example:
De kinderen spelen niet boven.
The children are not playing upstairs.

Another word used for negation is **geen**, which replaces an indefinite article. So:

Ik heb een pen. I have a pen.
is negated thus:
Ik heb geen pen. I don't have a pen.

Things which cannot be counted like **water, bier, wijn** are also negated using **geen**. So:

Ik drink wijn. I drink wine.
becomes:
Ik drink geen wijn. I don't drink wine.

IMITATED PRONUNCIATION (22)

nay; neet; bin-ner; b**OW**-ter; ber-'nay-der; boh-ver; t**OW**ss; **HG**ayn.

As a general rule, the definite article **de** or **het** is used more frequently in Dutch than in English. It is often used before abstract nouns where this is not the case in English.

For example:
De klassieke literatuur.
Classical literature.
Hij is hoogleraar in de geschiedenis.
He is a professor of history.
De liefde is blind.
Love is blind.
Het leven is moeilijk.
Life is hard.

It is always used before the names of the seasons:

Ik houd meer van de zomer dan van de winter.
I like summer more than winter.
In de herfst *or* **In het najaar.**
In autumn.
In de lente *or* **In het voorjaar.**
In spring.

It is always used before street names:

Ik woon in de Julianastraat.
I live in Juliana Street.
De tram stopt op het Rembrandtsplein.
The tram stops in Rembrandt Square.

It is not possible to predict when the definite article will be used, but students should listen out for Dutch idioms containing **de** or **het** where English has no article. A few are given below:

in het Nederlands	in Dutch
in de stad	in town
in het zwart	in black

| met de auto | by car |
| met de tijd | in time, with time |

There are some common idioms which do not contain a definite article in Dutch, but which do in English. A few are listed below to give you some idea of what to look out for:

op tafel	on the table
in zee	in the sea
op kantoor	at the office
in bad	in the bath
op straat	in the street

IMITATED PRONUNCIATION (23)

klas-'seek-er; lit-er-ah-'tEEr; hohHG-'lay-rahr; HGer-'sHGee-der-niss; leeff-der; blint; lay-fer; moo'ee-lerk; zoh-mer; hehrfst; nah-yahr; len-ter; fohr-yahr; zwart; ow-toh; teyt.

VOCABULARY

anders	otherwise
het bad	bath
beloven	promise
het Engels	English
eten	eat
de fiets	bicycle
gevaarlijk	dangerous
het kan'toor	office
laten	let, leave
de mens	person (also: mankind)
met	with, by
morgen	tomorrow
het Nederlands	Dutch
op	on, in
de poes	cat
poesje	pussy
de rust	rest, peace

spelen	play
het strand	beach
stoppen	stop
stu'deren	study
van'daag	today
het vlees	meat
wees!	be! (irregular imperative of **zijn**)
weten	know (a fact)
de zee	sea
zeuren	whine, go on
zoet	sweet, good
zwemmen	swim

IMITATED PRONUNCIATION

*a*n-derss; b*a*t; ber-'loh-ve*r*; eng-e*r*ls; ay-te*r*; ffeets; **HG**e*r*-'fahr-le*r*k; k*a*n-'tohr; lah-te*r*; menss; met; mor-**HG**e*r*; nay-der-l*a*nts; op; pooss; pooss-ye*r*; re*r*st; spay-le*r*; str*a*nt; stop-pe*r*; st**EE**-'day-re*r*; f*a*n-'da**HG**; flayss; vayss; vay-te*r*; zay; z**ER**e*r*; zoot; zvem-me*r*.

Note that **niet waar** is tagged on to the end of a statement to turn it into a question. It is the equivalent of the English tag 'doesn't he?' etc:

Hij woont daar, niet waar?
He lives there, doesn't he?
Zij komt morgen, niet waar?
She's coming tomorrow, isn't she?

The word **graag** can be used with any verb to mean 'like':

Ik zwem graag.
I like swimming.
Ik speel graag.
I like playing.

Exercise 17

Translate the following sentences into English:

1 Lees dat boek.
2 Maar ik houd niet van romans.
3 Die mensen hebben geen auto.
4 Zij komt niet met de fiets: zij komt met de tram.
5 Jullie eten geen vlees, niet waar?
6 Weet u dat echt niet?
7 De kinderen spelen niet op straat.
8 Morgen gaan wij met de trein naar het strand.
9 Deze bus stopt niet in de Beatrixstraat.
10 In de zomer zit ik graag in de tuin.

Exercise 18

Rearrange the following sentences to start with the subject:

1 Morgen gaan wij naar huis.
2 In de winter zwem ik niet in zee.
3 Vandaag komt de Engelsman op bezoek.
4 Hier zit ze altijd.
5 Daar wonen zij, niet waar?
6 In de zomer spelen de jongens graag buiten.
7 Nee, vanavond blijf ik niet thuis.
8 Dat weet ik niet.
9 Op het Koningsplein stopt de tram niet.
10 Aardig is die man niet.

Exercise 19

Translate the following sentences into Dutch:

 1 Do that.
 2 Don't do that.
 3 Stay here.
 4 He is at the office.
 5 We are going to Amsterdam by train.
 6 She is reading that book in Dutch.
 7 They aren't coming to the party this evening.
 8 He is a professor of history, isn't he?
 9 No, I am not a professor of history.
10 Don't you (plural) drink wine?
11 That bus doesn't stop here.
12 I like lying in the bath.
13 The cat is not upstairs.
14 Haven't they got a garden?
15 Don't play in the street: it's too dangerous.

Drills

1 Stimulus-response drill

S Heeft u een auto?
R Nee, ik heb geen auto.

S Heeft u een poes?
R Nee, ik heb geen poes.

S Heeft u kinderen?
R Nee, ik heb geen kinderen.

S Heeft u een fiets?
R Nee, ik heb geen fiets.

S Eet u vlees?
R Nee, ik eet geen vlees.

S Drinkt u bier?
R Nee, ik drink geen bier.

S Heeft u buren?
R Nee, ik heb geen buren.

2 Stimulus-response drill

S Gaat u met de trein?
R Nee, ik ga niet met de trein.

S Woont u in Amsterdam?
R Nee, ik woon niet in Amsterdam.

S Speelt hij met de poes?
R Nee, hij speelt niet met de poes.

S Blijft zij morgen thuis?
R Nee, zij blijft morgen niet thuis.

S Is deze roman goed?
R Nee, deze roman is niet goed.

S Gaan wij morgert met de auto?
R Nee, wij gaan morgen niet met de auto.

S Is de buurman aardig?
R Nee, de buurman is niet aardig.

CONVERSATION

De kleine tiran / The little tyrant

NICOLAAS	**Mamma, waar is pappa?**
MAMMA	**Op kantoor, natuurlijk. Ga maar even naar buiten. Speel met poesje in de tuin.**
NICOLAAS	**Maar waarom niet op straat? Met de jongens.**
MAMMA	**Dat is veel te gevaarlijk. Dat weet je.**
NICOLAAS	**Gaat pappa met de auto?**
MAMMA	**Nee, hij gaat niet met de auto, hij gaat altijd op de fiets. Dat weet je toch?**
NICOLAAS	**Gaan wij met de auto, mam?**
MAMMA	**Waarnaartoe?**
NICOLAAS	**Naar het strand?**
MAMMA	**Maar ik heb geen tijd, jongen. Morgen misschien.**
NICOLAAS	**Rijden we morgen met de auto naar het strand? Beloof je dat?**
MAMMA	**Ja. Ik beloof het. Wees vandaag dan maar zoet, anders gaan we niet. Afgesproken?**
NICOLAAS	**Mamma, ik speel graag in de tuin, maar ik ga niet graag in bad en morgen zwem ik in zee, dus ....**
MAMMA	**Vanavond geen bad. Laat me nu maar met rust – en niet zeuren!**
NICOLAAS	**Kom maar, poesje!**

TRANSLATION

NICOLAAS	Mummy, where is daddy?
MOTHER	At the office, of course. Run along outside. Play with pussy in the garden.
NICOLAAS	But why not in the street, with the boys?
MOTHER	That's much too dangerous. You know that.
NICOLAAS	Does daddy go by car?
MOTHER	No, he doesn't go by car, he always goes by bike. You know that.
NICOLAAS	Are we going by car, mum?

MOTHER	Where to?
NICOLAAS	To the seaside?
MOTHER	But I haven't any time, dear. Tomorrow perhaps.
NICOLAAS	Are we driving to the beach tomorrow by car? Do you promise?
MOTHER	Yes. I promise. But just you be good today, otherwise we won't go. Agreed?
NICOLAAS	Mummy, I like playing in the garden, but I don't like going in the bath and tomorrow I'll be swimming in the sea, so ....
MOTHER	No bath tonight. Just leave me in peace now, and don't go on.
NICOLAAS	Come on, puss!

4

24 OBJECT PRONOUNS: ME, YOU, HIM, ETC

In section 5 the subject pronouns (I, you, he, she, etc) were introduced in both their stressed and unstressed forms. The table below shows the stressed object pronouns followed by their unstressed forms. Brackets indicate a form that is spoken but not written.

singular	stressed	unstressed	
1st person	**mij**	**me**	me
2nd person	**jou**	**je**	you
2nd person (formal)	**u**		you
3rd person	**hem**	('m)	him
	haar	(d'r)	her
	het	('t)	it

plural	stressed	unstressed	
1st person	**ons**		us
2nd person	**jullie**	(je)	you
2nd person (formal)	**u**		you
3rd person	**hun** or **hen**	(ze)	them

The unstressed forms are always used in speech unless emphasis is needed. The third person plural pronoun ('them') has two stressed forms for referring to people only. In writing, **hen** is used for direct objects and preposition objects, and **hun** for indirect objects (see below). The unstressed **ze** is the *only* possible pronoun for referring to things.

An important difference between Dutch and English is that **hij** and **hem** (and occasionally **zij** and **haar**) refer to things as well as people. This is because **het** is only used to refer to neuter nouns. So **het boek** is referred to thus:

De jongen leest het. The boy is reading it.

But **hij** and **hem** are used to refer to common nouns. So **de pen** is referred to thus:

De jongen heeft hem. The boy's got it.

And **de pennen** (plural) thus:

De jongen heeft ze. The boy's got them.

IMITATED PRONUNCIATION (24)

mey; me*r*; yow; ye*r*; **EE**; hemm; 'e*r*m; hahr; d'r; het; e*r*t; onss; yerl-l**EE**; ye*r*; hern; hen; ze*r*.

24A DIRECT AND INDIRECT OBJECT PRONOUNS

The subject of a sentence performs the action denoted by the verb and the direct object has that action performed on it. In the sentence:

De jongen ziet de buren.
The boy sees the neighbours.

'the boy' is the subject, 'the neighbours' are the direct object. If pronouns are substituted for the nouns, the following sentence is produced:

Hij ziet hen. He sees them.

In the case of the third person plural object pronoun, it is necessary to identify the indirect object. In the sentence:

De jongen geeft de buren een taart.
The boy gives the neighbours a cake.

what the boy gives is the direct object, the cake. He gives it to the neighbours who are therefore the indirect object. This time when pronouns are substituted, **hun** is required:

Hij geeft hun een taart.
He gives them a cake.

24B THE PREPOSITION OBJECT

The following are examples of Dutch prepositions you have already encountered: **met, naar, voor, achter, in.**

When referring to people after a preposition, the object form of the pronoun is used. It becomes the preposition object:

Wij doen het voor haar.   We are doing it for her.
Zij komt met hen.   She's coming with them.
Geef het aan mij.   Give it to me.

The personal pronoun is *not* used in Dutch if the preposition object is a thing. Instead **er** is attached to the front of the preposition. So to refer to **het huis**, for example, Dutch says:

Zij staan ervoor.   They are standing in front of it.

Similarly, referring to **de bal**, Dutch says:

Hij speelt ermee.   He is playing with it.

Note that **met** changes to **mee** in this construction.

25 REFLEXIVE PRONOUNS: MYSELF, ETC

singular
1st person	**me**	myself
2nd person	**je**	yourself
2nd person (formal)	**zich/u**	yourself
3rd person	**zich**	himself, herself, itself

plural
1st person	**ons**	ourselves
2nd person	**je**	yourselves
2nd person (formal)	**zich/u**	yourselves
3rd person	**zich**	themselves

The reflexive pronoun is used when the preposition object is the same as the subject of the sentence. In this case the -self is omitted in the English translation:

Heeft hij geld bij zich?
Has he got any money on him?
Heb je een pen bij je?
Have you got a pen with you?

IMITATED PRONUNCIATION (25)

me*r*; ye*r*; zi**HG**; **EE**; onss.

26 REFLEXIVE VERBS

In Dutch, when the action of a verb is being performed on the subject, an object must be supplied in the form of a reflexive pronoun. In English, verbs of this type do not usually need an object (e.g. 'she is washing') but, in Dutch, with such a verb **zich** is required:

Zij wast zich.

In Dutch, **-zelf** may be added to the reflexive pronoun for emphasis. Thus:

Zij wast zichzelf.

Note that the polite form normally uses **zich**; for example:

U vergist zich.
You are mistaken.

Except when a command is given; for example:

Haast u!
Hurry up!

There are several verbs like **zich wassen** which always have a reflexive pronoun as object if no other object is present. There are also a few (indicated below by an asterisk*) which have both a reflexive pronoun and an object.

Some useful reflexive verbs are:

zich amu'seren	amuse oneself, enjoy oneself
zich gedragen	behave
zich haasten	hurry
zich herinneren*	remember
zich verbazen	be amazed
zich verbeelden*	imagine
zich vergissen	be mistaken, be wrong
zich vervelen	be bored
zich voelen	feel

IMITATED PRONUNCIATION (26)

zi**HG** ... *a*m-m**EE**-'say-re*r*; **HG**er-'drah-**HG**er;
hahss-te*r*; heh-'rin-e*r*-re*r*; fer-'bah-ze*r*; fer-'bayl-de*r*;
fer-'**HG**is-se*r*; fer-'fay-le*r*; foo-le*r*.

VOCABULARY

aan	to, at
afrekenen	pay the bill
de appeltaart	apple cake
het ca'deau	present
het ca'deautje	small present
druk	busy
ik heb het druk	I am busy
eigenlijk	actually
fris	fresh, refreshing
geven	give
de koffie	coffee
kopen	buy
het kopje	cup
krijgen	receive, get
lekker	nice, tasty
me'teen	immediately
het mobieltje	mobile (phone)
de middag	afternoon, midday
nemen	take
niets	nothing
nog een	another
de ober	waiter
ook nog	as well
ontzettend	awful, awfully
smaken	taste
het stuk	piece
het ter'rasje	terrace
de thee	tea
van	of, from
de zon	sun

IMITATED PRONUNCIATION

'af-ray-ker-ner; ap-perl-tahrt; kah-'doh; kah-'doht-yer; drerk; ey-**HG**er-lerk; ffriss; **HG**ay-fer; koff-ee; koh-per; kop-yer; krey-**HG**er; leck-ker; met-'ayn; moh-bee-ltyer; mid-da**HG**; nay-mer; neets; no**HG** ayn; oh-ber; ohk no**HG**; ont-'zet-tent; smah-ker; stehrk; teh-'rass-yer; tay; fan; zon.

Exercise 20

Translate the following sentences into English:

1 Zij zien ons altijd in het café.
2 Geef mij een kopje thee.
3 Hier is de brief. Zij krijgt hem morgen.
4 Wij doen het voor jou.
5 Hij geeft het cadeau aan haar.
6 Daar zijn de buurkinderen. De poes speelt graag met hen.
7 De boeken liggen op tafel. Zie je ze?
8 Ligt de tuin achter het huis? Nee, hij ligt ervoor.
9 Wat doe je met die fiets? Ik rijd ermee naar de stad.
10 Wat doet het meisje met de pen? Zij schrijft ermee.

Exercise 21

Translate the following into English:

1 Zij heeft de kinderen bij zich.
2 Zij hebben veel geld bij zich.
3 Heeft u een mobieltje biju?
4 Wij hebben geen foto's bij ons.
5 Voel je je moe?
6 Hij verveelt zich op kantoor.
7 Jullie amuseren je op het feest, niet waar?
8 Wij haasten ons niet.
9 Houdt ze niet van appeltaart? Dat verbaast me.
10 Was je meteen!

Exercise 22

Translate the following sentences into Dutch:

1 We always see you (plural) in the bus.

2 That apple cake is tasty. Where do you (singular) buy it?

3 How do you (formal) feel?

4 The children are giving us a present.

5 Give that cup of coffee to me.

6 There is the car – do you (singular) see it?

7 We are eating with them.

8 I give you (singular) the pen and you write with it.

9 There is the librarian. Do you (plural) know her?

10 The children are behaving well.

11 You (formal) like novels, don't you? Do you always read them?

12 Have you (plural) any money with you?

13 She is having a wash upstairs.

14 We are enjoying ourselves here on the terrace in front of the café.

15 I remember that man.

Drills

1 Substitution drill

Substitute the word in the second column for the word in bold type in the first. Remember to make any other necessary changes, and to cover the line below.

Ik verveel me	**zij** (singular)
Zij verveelt zich	**wij**
Wij vervelen ons	**jullie**
Jullie vervelen je	**jij**
Jij verveelt je	**zij** (plural)
Zij vervelen zich	**hij**
Hij verveelt zich	**u**
U verveelt zich	

2 Stimulus-response drill

S Dit is het buurmeisje.
R Ken je haar?

S Dit is de buurman.
R Ken je hem?

S Dit is de leraar.
R Ken je hem?

S Dit zijn de buren?
R Ken je ze?

S Dit is de schrijfster.
R Ken je haar?

S Dit zijn de leraren.
R Ken je ze?

S Dit is de student.
R Ken je hem?

3 Stimulus-response drill

S Waar is het boek?
R Ik heb het.

S Waar zijn de kopjes?
R Ik heb ze.

S Waar is de paraplu?
R Ik heb hem.

S Waar is het geld?
R Ik heb het.

S Waar is dat glas?
R Ik heb het.

S Waar is die brief?
R Ik heb hem.

De klaploper

MARIE	Wat neem je?
MAARTEN	Een thee en een stukje appeltaart, graag.
MARIE	Ober, één thee en één koffie en twee stukken appeltaart, alstublieft. Zo, Maarten, gefeliciteerd met je verjaardag.
MAARTEN	Dank je wel. En bedankt ook nog voor het cadeautje. Erg aardig van je.
MARIE	Niets te danken, hoor. Ik geef graag cadeaus.
MAARTEN	En ik krijg ze graag! Dit is ook een goed idee van jou. Ik voel me zo lekker hier op het terrasje in de zon.
MARIE	Hier is de ober. Dank u wel .... Smaakt het? Ja, ik zie het. Nog een stuk?
MAARTEN	Ja, graag. Ik vond het erg lekker.
MARIE	Ober, nog een stuk taart voor meneer.
MAARTEN	Met slagroom.
MARIE	Met slagroom, dus .... Voor mij? .... Niets, dank u. Ik eet nooit veel bij de thee. En nog een kopje thee voor meneer.
MAARTEN	Met citroen deze keer. Het smaakt lekker fris zo.
MARIE	Dat is alles. Amuseer je je?
MAARTEN	Ik vind dit café zo gezellig – ik blijf de hele middag hier.
MARIE	O ja? Ik heb het eigenlijk erg druk. Wat jammer! Ober, ik reken meteen af.

The freeloader

MARIE	What are you having?
MAARTEN	A tea and a small piece of apple cake, please.
MARIE	Waiter. One tea and one coffee, and two pieces of apple cake, please. Well, Maarten, happy birthday.
MAARTEN	Thank you. And thanks for the present as well. It's very nice of you.
MARIE	Not at all. I like giving presents.
MAARTEN	And I like getting them! This is a good idea of yours too. I love it here on the terrace in the sun.
MARIE	Here's the waiter. Thank you .... Is it nice? I can see it is. Another piece?
MAARTEN	Yes please. It was very tasty.
MARIE	Waiter, another piece of cake for the gentleman.
MAARTEN	With whipped cream.
MARIE	With whipped cream, then .... For me? ... Nothing, thank you. I never eat much at tea-time. And another cup of tea for the gentleman.
MAARTEN	With lemon this time. It's nice and refreshing like that.
MARIE	That's all. Are you enjoying yourself?
MAARTEN	I think this café's great – I'm going to stay here all afternoon.
MARIE	Really? Actually, I'm very busy. Such a pity. Waiter, I'll pay right away.

4

Week 5

Here you'll learn about:
- possessive adjectives (my, your, his, etc)
- ways of expressing possession
- three verbs used to indicate position ('staan', 'liggen', 'zitten')
- the use and formation of the perfect tense
- the past participle of weak verbs

27 POSSESSIVE ADJECTIVES (MY, YOUR, HIS, ETC)

singular	stressed	unstressed	
1st person	**mijn**	**(m'n)**	my
2nd person	**jouw**	**je**	your
2nd person (formal)	**uw**		your
3rd person	**zijn**	**(z'n)**	his/its
	haar	**(d'r)**	her

plural	stressed	unstressed	
1st person	**ons/onze**		our
2nd person	**jullie**	**je**	your
2nd person (formal)	**uw**		your
3rd person	**hun**	**(d'r)**	their

Dutch, like English, uses a possessive adjective in front of a noun.

Dit is mijn paraplu. This is my umbrella.
Dat is jullie auto. That is your car.

The first person plural pronoun ('our') has two stressed forms. **Ons** is used before neuter singular nouns:

Dat is ons huis. That is our house.

Onze is used before plural neuter nouns and common nouns:

Dit zijn onze boeken. These are our books.
Dit is onze poes. This is our cat.
Dit zijn onze poezen. These are our cats.

PRONUNCIATION NOTE: **uw** is pronounced like **u** followed by the Dutch sound spelt **oe** as in **boek**.

28 EXPRESSING POSSESSION ('JOHN'S BOOK')

Dutch has several ways of expressing the English 'apostrophe s', as used, for instance, in 'John's book'.

The most common method uses the preposition **van**:

Het boek van Jan. John's book.
Het kind van de buren. The neighbours' child.
De auto van mijn zus. My sister's car.

But **-s** may be added to proper names and to members of the family:

Jans boek. John's book.
Moeders boek. Mother's book.

The student will also hear the more colloquial – not usually written – construction:

Jan z'n boek. John's book.
Mijn zus d'r auto. My sister's car.

If in doubt, use the **van** construction.

28A POSSESSIVE PRONOUNS (MINE, YOURS, ETC)

Dutch has two ways of expressing the English possessive pronouns 'mine', 'yours', etc.

The more common and more informal method uses **die/dat + van +** object pronoun.

Die is used to refer to common nouns and plural neuter nouns:

Heeft u een pen? Die van mij ligt thuis.
Do you have a pen? Mine's at home.

Dat is used to refer to neuter singular nouns:

Mijn huis is klein: dat van hem is erg groot.
My house is small: his is very large.

Die and **dat** are omitted when the noun is present:

Die pen is van mij. That pen is mine.

Note that the English 'of mine' etc is translated into Dutch by **van** + object pronoun:

Vrienden van ons. Friends of ours.

The second, more formal way uses the appropriate definite article followed by a possessive pronoun which has the ending **-e** (always pronounced weak – see week 1, section 3D).

De is used to refer to common nouns and plural neuter nouns:

Heeft u een pen? De mijne ligt thuis.
Do you have a pen? Mine is at home.

Het is used to refer to neuter singular nouns:

Mijn huis is klein: het zijne is erg groot.
My house is small: his is very large.

This construction is not possible with the second person plural possessive pronoun **jullie**.

29 USEFUL VERBS: STAAN, LIGGEN, ZITTEN

These verbs are often used in Dutch where English simply says 'is', to indicate the position of an object.

When an object is in an upright position **staan** is used. For example:

De auto staat voor het huis.
The car is in front of the house.
Het boek staat in de boekenkast.
The book is in the bookcase.

When an object is lying down **liggen** is used:

De krant ligt op tafel. The newspaper is on the table.
De pen ligt op de grond. The pen is on the floor.

When an object is inside something **zitten** is used:

De pen zit in de tas. The pen is in the bag.

It is important that the student bear in mind that there is not one translation of the English verb 'to be' in Dutch, but four possible translations: **zijn, staan, liggen,** and **zitten**.

VOCABULARY

al	already
de broer	brother
de dochter	daughter
dragen	carry
geloven	believe, think
haast hebben	be in a hurry
de ingang	entrance
de kaart	ticket
klaar	ready
de koffer	suitcase
de krant	newspaper
het kwar'tier	quarter, quarter of an hour

het lo'ket	ticket office, ticket window
de man	man, husband
nodig hebben	need
over	over, above, in
het pakje	packet, package
het perron	platform
het re'tourtje	return ticket
de siga'ret	cigarette
het spoor	track
spoor vijf	platform five
de tas	bag
vaak	often
vergeten	forget
vertrekken	depart
volgens	according to
de vriend	friend, boyfriend
de vrouw	woman, wife
de wc	lavatory, loo, etc
zoeken	look for
de zoon	son
zwaar	heavy

Exercise 23

Translate the following sentences into English, and then substitute the formal independent possessive (**het mijne** etc) for the construction with **van**:

1 Deze auto is van ons.

2 Deze boeken zijn van hen.

3 Dit stuk taart is van haar.

4 Die fietsen zijn van ons.

5 Dit kopje thee is van jou.

6 Deze krant is van mij.

7 Die paraplu is van u.

8 Dat geld is van hem.

Exercise 24

Translate the following sentences into English:

1 Kent u mijn man?
2 Zijn vrouw is erg aardig.
3 Uw krant ligt op tafel.
4 Heb jij je mobieltje bij je?
5 Haar schoenen liggen op de grond.
6 Onze koffers staan daar op het perron.
7 Ik vind hun tuin erg mooi.
8 Waar staat jullie auto?

Exercise 25

Translate the following into English:

1 Ik ben met mijn moeders auto vanavond.
2 Haar broers vriendin komt uit Utrecht.
3 De poes van de buren speelt in onze tuin.
4 Hij heeft de fiets van zijn zus.
5 Zij hebben geld nodig.
6 Heeft u een pen nodig? Neemt u die van mij.
7 Dat boek van jou ligt op de stoel.
8 Ik zoek een tas. Waar is die van jullie?

Exercise 26

Translate the following sentences into Dutch:

1 Here are your (singular) packages.
2 My case is over there.
3 Do you (plural) know their daughter?
4 Are those children hers?
5 Our house is much too big for us.
6 We've got your (formal) train tickets. Who has ours?
7 His wife is very kind. Do you (singular) know her?

Drills

1 Stimulus-response drill

S Is dit boek van jou?
R Ja, het is mijn boek.

S Is deze pen van mij?
R Ja, het is jouw pen.

S Is deze paraplu van hen?
R Ja, het is hun paraplu.

S Zijn deze koffers van ons?
R Ja, het zijn jullie koffers.

S Is deze tas van haar?
R Ja, het is haar tas.

S Zijn deze kranten van hem?
R Ja, het zijn zijn kranten.

S Is dit pakje sigaretten van ons?
R Ja, het is jullie pakje sigaretten.

2 Stimulus-response drill

S Ik heb een pen nodig.
R Neem die van mij.

S Ik heb geld nodig.
R Neem dat van mij.

S Wij hebben een paraplu nodig.
R Neem die van mij.

S Wij hebben kaarten nodig.
R Neem die van mij.

S Ik heb een glas nodig.
R Neem dat van mij.

S Wij hebben twee koffers nodig.
R Neem die van mij.

S Ik heb een tas nodig.
R Neem die van mij.

Te laat!

[mevr Schoenmaker = mevr S, meneer Schoenmaker = meneer S]

5

MEVR S   **Ik heb de treinkaarten. Twee retourtjes naar den Haag. Volgens de man achter het loket vertrekt de trein over een kwartier van spoor vijf.**

MENEER S   **Goed zo. Ik ga even naar de wc. Weet jij waar die is?**

MEVR S   **Ja. Daar bij de ingang. Ik blijf hier bij de koffers.**

MENEER S   **Ik ben zo terug ....**

MEVR S   **Klaar?**

MENEER S   **Ik koop eerst even een krant.**

MEVR S   **Waarom lees je die van mij niet? Ik heb ook een boek bij me.**

MENEER S   **Ja, goed. Maar ik heb een pakje sigaretten nodig.**

MEVR S   **Heb je nu alles? Gaan we naar het perron?**

MENEER S   **Is deze koffer van mij of van jou? Hij is erg zwaar.**

MEVR S   **Die is van jou, geloof ik. Neem jij hem maar en schiet op! We hebben haast.**

MENEER S   **Vergeet je tas niet! O, wat is deze zwaar.**

MEVR S   **Daar heb je spoor vijf en daar staat onze trein. Waarom haast je je niet?**

MENEER S   **Draag jij dan deze koffer. Ik stop even.**

MEVR S   **Geef hem aan mij en neem de mijne.**

MENEER S   **Ik zie de trein niet. Hij is er toch nog niet.**

MEVR S   **Hij is al weg! Idioot!**

Too late!

MRS S I've got the train tickets. Two returns to The Hague. According to the man behind the ticket window, the train leaves in a quarter of an hour from platform 5.

MR S Right. I'm just going to the loo. Do you know where it is?

MRS S Yes. Over there by the entrance. I'm staying here with the cases.

MR S I won't be a minute ...

MRS S Ready?

MR S I'm just going to buy a newspaper first.

MRS S Why don't you read mine? I've got a book with me too.

MR S All right. But I need a packet of cigarettes ...

MRS S Have you got everything now? Shall we go to the platform?

MER S Is this case mine or yours? It's very heavy.

MRS S It's yours, I think. You take it, and get a move on. We're in a hurry.

MR S Don't forget your bag! Oh, this one's so heavy.

MRS S There's platform 5 and there's our train. Why don't you hurry?

MR S You carry this case, then. I'm stopping for a minute.

MRS S Give it to me and take mine.

MR S I can't see the train. It isn't there yet after all.

MRS S It's gone, you idiot!

30 PERFECT TENSE ('I HAVE TAKEN', 'I TOOK')

This tense of the verb is used when speaking of events which happened in the past. It is the most frequently used past tense in Dutch and translates both the English perfect tense and simple past tense. So: **Ik heb een foto gemaakt** can be translated as 'I have taken a photograph' and 'I took a photograph'.

The perfect tense consists of an auxiliary verb – either **hebben** or **zijn** – and a past participle. For example:

Ik heb gemaakt. I have made.

The auxiliary verb is in the present tense and its form depends on the subject of the sentence (see sections 6 and 8). If the subject is **hij**, for example, then **heeft** is required. However, the past participle never changes.

For example:
Hij heeft gemaakt. He has made.

The auxiliary verb is always the second item in the sentence (see section 21) and the past participle comes last.

For example:
Wij hebben gisteren veel foto's gemaakt.
We took a lot of photographs yesterday.

There is more about auxiliary verbs in section 33.

5

31 PAST PARTICIPLES OF WEAK VERBS

Dutch verbs are divided into three groups according to how they form their past tenses. The first group is described as 'weak', the second as 'strong', and the verbs in the third group are 'irregular', or a mixture of weak and strong.

The past participle of most weak verbs consists of:

ge + stem + t   as in **gemaakt** *or*
ge + stem + d   as in **gewoond** (lived)

-t is added to stems ending in **p, t, k, s, f, ch**.

infinitive		stem	past participle
hopen	(to hope)	**hoop**	**gehoopt**
praten	(to talk)	**praat**	**gepraat**
koken	(to cook)	**kook**	**gekookt**
missen	(to miss)	**mis**	**gemist**
blaffen	(to bark)	**blaf**	**geblaft**
kuchen	(to cough)	**kuch**	**gekucht**

Students will find it useful to memorize the mnemonic **'t kofschip** (a kind of sailing ship) as it contains all the consonants followed by **-t**.

SPELLING NOTE: Dutch never has a doubled consonant at the end of a word, so if the stem of a verb already ends in **-t**, the final **-t** is not added. Hence:

praten   **praat**   **gepraat**

All other weak verbs add **-d** to the stem. For example:

infinitive		stem	past participle
bouwen	(to build)	**bouw**	**gebouwd**
horen	(to hear)	**hoor**	**gehoord**
bellen	(to ring)	**bel**	**gebeld**
branden	(to burn)	**brand**	**gebrand***

*In this case, a second **-d** is not added

PRONUNCIATION NOTE: Remember that **d** and **t** are both pronounced **t** at the end of a word, so the difference between past participles with **d** and with **t** is only in the spelling.

Weak verbs which have one of the following prefixes do not form their past participle with the prefix **ge-**: **be-, er-, ge-, her-, ont-, ver-**. They are called inseparable prefixes because they are never separated from the rest of the verb, and the verb is called an inseparable verb:

infinitive		stem	past participle
bedoelen	(to mean)	**bedoel**	**bedoeld**
bepraten	(to discuss)	**bepraat**	**bepraat**
geloven	(to believe)	**geloof**	**geloofd**
verbranden	(to burn)	**verbrand**	**verbrand**
verhuizen	(to move house)	**verhuis**	**verhuisd**

Because of the absence of the prefix **ge-**, which is usually a sign of the past participle, inseparable verbs with a stem already ending in **-t** or **-d** have a past participle which is identical in form to the stem.

SPELLING NOTE: Verbs like **geloven** and **verhuizen** which have a **v** or a **z** in the infinitive and a stem ending in **-f** or **-s** respectively, add **-d** to the stem to form their past participle.

PRONUNCIATION NOTE: Whether the verb is weak or strong, it is the second syllable that takes the stress when one of these prefixes is added.

VOCABULARY

beginnen	begin
binnen'kort	soon
daar'na	afterwards
de doos	box
het eind	end
gisteren	yesterday

hard	hard, fast, loud
heel/hele	whole
de hond	dog
het huiswerk	homework
iets	something, anything
de juf	teacher
kloppen	knock; be right, be correct
de les	lesson
oma	grandma
ontmoeten	meet
opa	grandpa
over	about (after verbs like **praten**)
het park	park
de rekenles	arithmetic lesson
de school	school
op school	at school
de stapel	pile
het sta'tion [stah-'see'on]	station
op het station	at the station
uit'stekend	excellent
vertellen	say, tell
vragen	ask
werken	work
zeggen	say
zelf	myself, yourself, etc (when verb not reflexive)

Exercise 27

Write down the past participles of the following verbs:

maken, kloppen, bellen, vertellen, werken, koken, ontmoeten, beloven, verhuizen, branden.

Exercise 28

Translate the following sentences into English:

1 Zij heeft gisteren een foto van het huis gemaakt.
2 Wij hebben over alles gepraat.
3 Mijn broer heeft vanavond gekookt.
4 Heeft u altijd in Utrecht gewoond?
5 Wat jammer! Je hebt de trein gemist.
6 De kinderen hebben een huisje in de tuin gebouwd.
7 Ik heb de stapel kranten verbrand.
8 Opa heeft gisteren gebeld.
9 Hebben jullie alles aan je moeder verteld?
10 Zij hebben haar in het park ontmoet.
11 Gisteren heeft hij met zijn vrienden op straat gespeeld.
12 Daarna heeft hij thuis gestudeerd.

5

Exercise 29

Translate the following sentences into Dutch:

1 I worked hard yesterday.
2 You've (plural) lived in Holland, haven't you?
3 She made that dress herself.
4 They took a photograph of our house.
5 Whom did she meet at the station?
6 I was amazed.
7 He told us about the party.
8 Have you (formal) heard anything about it?
9 We have always believed it.
10 I felt very tired yesterday.

Drills

1 Substitution drill

Ik heb het zelf gezegd.	**jullie**
Jullie hebben het zelf gezegd.	**zij** (singular)
Zij heeft het zelf gezegd.	**u**
U hebt het zelf gezegd.	**wij**
Wij hebben het zelf gezegd.	**jij**
Jij hebt het zelf gezegd.	**hij**
Hij heeft het zelf gezegd.	**zij** (plural)
Zij hebben het zelf gezegd.	

2 Stimulus-response drill

S Ik werk hard.
R Ik heb gisteren hard gewerkt.

S Ik maak een foto.
R Ik heb gisteren een foto gemaakt.

S Ik voel me ziek.
R Ik heb me gisteren ziek gevoeld.

S Ik speel met de hond.
R Ik heb gisteren met de hond gespeeld.

S Ik hoor het van haar.
R Ik heb het gisteren van haar gehoord.

S Ik ontmoet hem op straat.
R Ik heb hem gisteren op straat ontmoet.

S Ik studeer thuis.
R Ik heb gisteren thuis gestudeerd.

5

Huiswerk

PIET   **Juf! Ik vind het huiswerk erg moeilijk. Hoe schrijf je een brief? Ik weet het niet. Mijn moeder doet het altijd voor me.**

LERARES   **Je begint met 'beste oma, hoe gaat het met u? Mij gaat het goed' en dan vertel je iets over jezelf. Heb je gisteren hard gewerkt?**

PIET   **Ja, en ik heb ook gespeeld.**

LERARES   **Goed, dan schrijf je 'ik heb gisteren op school erg hard gewerkt en daarna heb ik met de jongens in het park gespeeld.' Klopt dat?**

PIET   **Ja, en wij hebben een jongen met een hond ontmoet en de hond heeft de hele tijd geblaft. We hebben een huisje van dozen gebouwd en we hebben erin gespeeld.**

LERARES   **Waarom schrijf je dat dan niet? Maar de rekenles begint over vijf minuten.**

PIET   **Juf! Wat zeg je aan het eind van een brief?**

LERARES   **Vraag het maar aan je moeder vanavond.**

PIET   **Dan schrijf ik zelf iets: 'U komt binnenkort op bezoek, zegt mam. Ik hoop het. Groetjes, Piet.' Zo! Juf! Ik ben klaar.**

LERARES   **Uitstekend, Piet! En nu voor je huiswerk een brief aan een oom schrijven.**

5

Homework

PETE	Miss! I think the homework's very difficult. How do you write a letter? I don't know. My mother always does it for me.
TEACHER	You start with 'dear Grandma, how are you? I am fine' and then you say something about yourself. Did you work hard yesterday?
PETE	Yes, and I played, too.
TEACHER	Fine. Then you write 'I worked very hard yesterday at school and afterwards I played with the boys in the park.' Is that right?
PETE	Yes, and we met a boy with a dog and the dog barked the whole time. We built a house from boxes and played in it.
TEACHER	Why don't you write that then? But the arithmetic lesson begins in five minutes.
PETE	Miss! What do you say at the end of a letter?
TEACHER	Ask your mother this evening.
PETE	Then I'll write something myself: 'You're coming to visit us soon, mum says. I hope so. Love, Pete.' There! Miss! I've finished.
TEACHER	Excellent, Pete. And now write a letter to an uncle for your homework.

Week 6

This week includes time for revision and revision exercises, as well as:
- the past participle of strong verbs
- use of auxiliary verbs in forming the perfect tense
- some irregular verbs

32 PAST PARTICIPLES OF STRONG VERBS

The past participle of strong verbs has the prefix **ge-** (except in the case of inseparable verbs – see week 5, section 31) and the ending **-en**. The vowel sound of the past participle is often different from that of the stem:

infinitive	past participle
blijven	**gebleven**
eten	**gegeten**
komen	**gekomen**
lezen	**gelezen**
liggen	**gelegen**
schrijven	**geschreven**
vertrekken	**vertrokken**

As can be seen from the list above, there is no one rule for forming the past participle of strong verbs. The student is therefore advised to learn each new strong verb encountered. There is a list of the commonly used strong verbs on pages 230–232. These should be learnt.

33 'HEBBEN' OR 'ZIJN' AS AUXILIARIES FORMING THE PERFECT TENSE

The student is already familiar with **hebben** as an auxiliary with weak verbs. Some strong verbs also make their perfect tense with **hebben**. For example:

Ik heb gelezen. I have read.
Wij hebben gegeten. We have eaten.

There is a group of both strong and weak verbs which always form the perfect tense using **zijn** as the auxiliary verb. For example:

strong
De trein is vertrokken. The train has departed.
Zij zijn gekomen. They have come.

weak
De trein is gestopt. The train has stopped.
Zij zijn ontsnapt. They have escaped.

The verbs in this group denote either a change of place as in the examples above, or a change of state:

strong
Hij is gestorven. He has died.

weak
Zij is geslaagd. She has passed her exam.

NOTE: **blijven** also always forms its perfect tense with **zijn** even though it does not denote a change of place or state.

There is another group of both strong and weak verbs, which sometimes has **hebben** as perfect tense auxiliary and sometimes **zijn**. These verbs denote means of locomotion, such as **lopen** (to walk), **rijden** (to drive) and **fietsen** (to cycle).

When a destination is given, these verbs make their perfect tenses with **zijn**.

strong
Ik ben naar huis gelopen. I walked home.
Hij is naar de stad gereden. He drove into town.

weak
Wij zijn naar Amsterdam gefietst.
We cycled to Amsterdam.

6

Remember that the past participles of **lopen** and **rijden** must be learnt. When the emphasis is on the means of locomotion and no destination is given, **hebben** is used.

For example:
Ik heb vandaag veel gereden.
I did a lot of driving today.
Hebben jullie gefietst of gelopen?
Did you cycle or walk?

34 IRREGULAR VERBS

This is the third group of Dutch verbs described in section 31. No rules can be given for the formation of the past participle, so it must be learnt in all cases. Some useful irregular verbs to know are:

infinitive		past participle
brengen	(to bring)	**gebracht**
denken	(to think)	**gedacht**
doen	(to do)	**gedaan**
gaan	(to go)	**gegaan**
hebben	(to have)	**gehad**
kopen	(to buy)	**gekocht**
nemen	(to take)	**genomen**
slaan	(to hit)	**geslagen**
staan	(to stand)	**gestaan**
zien	(to see)	**gezien**
zijn	(to be)	**geweest**
zoeken	(to look for)	**gezocht**

NOTE: **zijn** always has **zijn** as its perfect auxiliary verb. As **gaan** denotes a change of place, it also has **zijn**. All the others form the perfect tense with **hebben**.

6

VOCABULARY

af en toe	now and again
de avond	evening
's avonds	in the evening
de bio'scoop	cinema
duur	expensive
de film	film
het geval	case, instance
in ieder/elk geval	anyway, at any rate
interes'seren	interest
de kleren	clothes
(always plural)	
ik eet liever ...	I prefer to eat ... *compare*
ik eet graag ...	I like to eat ...
lunchen	lunch, have lunch
's middags	in the afternoon
het mu'seum	museum, gallery
niks = niets	nothing
de ondertitel	subtitle
het paar	pair
het ple'zier	pleasure
plezier hebben	enjoy oneself, have fun
reizen	travel
de stad in	into town
sterven	die
het uitstapje	outing, trip
vallen (gevallen)	fall, (sometimes) be
van'ochtend	this morning
want	because, for
winkelen	shop, go shopping

6

Exercise 30

When you have learnt the strong verbs in this chapter, write down the past participles of the following verbs from memory:

komen, hebben, liggen, gaan, zijn, lezen, eten, kopen, schrijven, denken, blijven, doen.

Exercise 31

Translate the following sentences into English:

1 Bent u gisteren thuis gebleven?
2 De kinderen hebben hun huiswerk al gedaan.
3 De bibliothekaris heeft zelf een boek geschreven.
4 Waarom zijn jullie niet gekomen?
5 Ik heb erg veel boeken gelezen.
6 Heb je gisteren in dat restaurant gegeten?
7 Wij zijn vandaag naar de bioscoop gegaan.
8 Wij hebben allebei gelopen.
9 U heeft het erg druk gehad, niet waar?
10 Ze heeft die film al gezien.
11 De zoon van de buren heeft zijn hond geslagen.
12 Mijn broer is vanochtend in de stad geweest.

Exercise 32

Translate the following sentences into Dutch:

1 Why did you (polite) come by bus?
2 They drove to the station.
3 I walked into town yesterday.
4 Have you (plural) already been in the museum?
5 What did she buy in town?
6 Who did you (singular) see in the park?
7 We stayed at home today.
8 My sister bought a car this morning.
9 The cat has been lying in the sun.
10 Where did you (plural) eat in the evening?

Drills

1 Substitution drill

U bent thuis gebleven	**wij**
Wij zijn thuis gebleven	**hij**
Hij is thuis gebleven	**ik**
Ik ben thuis gebleven	**jullie**
Jullie zijn thuis gebleven	**zij** (singular)
Zij is thuis gebleven	**jij**
Jij bent thuis gebleven	**zij** (plural)
Zij zijn thuis gebleven	

2 Stimulus-response drill

S Hij schrijft een brief.
R Ik heb ook een brief geschreven.

S Hij blijft thuis.
R Ik ben ook thuis gebleven.

S Hij ligt in bed.
R Ik heb ook in bed gelegen.

S Hij eet veel.
R Ik heb ook veel gegeten.

S Hij gaat naar de bioscoop.
R Ik ben ook naar de bioscoop gegaan.

S Hij koopt een boek.
R Ik heb ook een boek gekocht.

S Hij leest veel.
R Ik heb ook veel gelezen.

De spelbreker

MEVR DE VIRES	Goede morgen, meneer Bakker. Hoe gaat het met u?
MENEER BAKKER	Goed, dank u. Bent u gisteren naar Amsterdam gegaan?
MEVR DE VIRES	Ja, we hebben de auto genomen, want mijn man reist niet zo graag met de trein.
MENEER BAKKER	Ik vind zo'n uitstapje af en toe leuk, maar de stad is niks voor mij.
MEVR DE VIRES	Nou ja, er valt altijd zo veel te doen, daar. Ik heb gewinkeld en mijn man is naar een museum geweest. Daarna hebben we in een restaurant geluncht.
MENEER BAKKER	Niks voor mij, hoor. Ik eet liever thuis. Dan weet je tenminste wat je krijgt. Wat heeft u 's middags gedaan?
MEVR DE VIRES	We hebben een film gezien – een film uit Engeland, denk ik, met ondertitels in het Nederlands.
MENEER BAKKER	Ik ga nooit naar de bioscoop. Het interesseert mij niet.
MEVR DE VIRES	Nou ja, ik heb in ieder geval veel gekocht: kleren voor mezelf en een paar schoenen voor mijn man.
MENEER BAKKER	Dan heeft u zeker te veel betaald. Alles in de stad is duur, zeggen ze.
MEVR DE VIRES	Nou ja, ik heb in elk geval veel plezier gehad, meneer Bakker. Dag!

6

The Kill-joy

MRS DE VIRES Good morning Mr Bakker. How are you?

MR BAKKER Fine, thanks. Did you go to Amsterdam yesterday?

MRS DE VIRES Yes, we took the car because my husband isn't that fond of travelling by train.

MR BAKKER I like a little outing now and then, but the city's not for me.

MRS DE VIRES Well, there's always such a lot to do there. I went shopping and my husband went to an art gallery. Afterwards we had lunch in a restaurant.

MR BAKKER Not my cup of tea. I prefer to eat at home. At least you know what you're getting then. What did you do in the afternoon?

MRS DE VIRES We saw a film – a film from England, I think, with subtitles in Dutch.

MR BAKKER I never go to the cinema. It doesn't interest me.

MRS DE VIRES Well, I bought a lot anyway – clothes for myself and a pair of shoes for my husband.

MR BAKKER Then you must have paid too much. Everything is expensive in the city, they say.

MRS DE VIRES Well, I enjoyed myself anyway, Mr Bakker. Bye.

Revision exercises 2

Exercise 1

Answer the questions in the negative. For example:
Zie je die man?→ Nee, ik zie die man niet.

1 Komt ze vanavond?
2 Woont uw oom in Amsterdam?
3 Spelen de kinderen buiten?
4 Is meneer Smit thuis?
5 Heb je een fiets?
6 Zijn de jongens aardig?
7 Gaan we met de bus?
8 Zit Jan op het strand?
9 Heeft de buurvrouw een poes?
10 Heeft het kind koorts?

Exercise 2

Rearrange the sentences to start with the bold word.
For example:
Ze komt **vanavond** met de bus.→ Vanavond komt ze met de bus.

1 De studenten gaan **morgen** naar de stad.
2 Ik heb het ontzettend druk **vandaag**.
3 Ik neem een kopje thee met citroen **deze keer**.
4 Hij zit **de hele middag** in de bibliotheek.
5 De buren komen **vanavond** op bezoek.

Exercise 3

Replace the names with pronouns. For example:
Meneer en mevrouw Smit zitten op een terrasje.→
Zij/Ze zitten op een terrasje.

1 Ik zie mevrouw Smit altijd in de bus.
2 Ton praat met Anneke.
3 Ton en Anneke gaan vanavond naar een restaurant.
4 Lies gaat met Ton en Anneke naar het restaurant.
5 Vind je Ton aardig?

6

Exercise 4

Replace the nouns with a stressed pronoun or with *er*.
For example:
De kinderen eten hun eieren op.→ Zij eten ze op.
De kinderen houden van eieren.→ Zij houden ervan.

1 Hij geeft het cadeau aan zijn moeder.
2 De meisjes spelen met de poes.
3 De jongen speelt met de bal.
4 Geef de pen aan je broer.
5 De tuin ligt achter het huis.
6 Ik zie onze kinderen daar.
7 Hebben jullie alles aan de buren verteld?
8 Zit de krant in de tas?

Exercise 5

Write down the past participles of the following verbs:
wonen, maken, horen, bellen, missen, geloven,
verhuizen, praten, blijven, eten, gaan, vertrekken,
schrijven, komen, liggen.

Exercise 6

Fill in either *hebben* or *zijn*. Change the form of the verb
if necessary. For example:
Ik … piano gespeeld.→ Ik heb piano gespeeld.

1 … jullie je goed geamuseerd?
2 Waar … jij de hele dag geweest?
3 Ik … in de stad gebleven.
4 Meneer en mevrouw Schoenmakers … de trein
  gemist.
5 De trein … al een kwartier geleden vertrokken.
6 We … naar het strand gefietst.
7 … u gefietst of gelopen?
8 Mijn tante … gewinkeld en een nieuwe jurk
  gekocht.

Exercise 7

Fill in the gaps.

Gisteren … ik met mijn vriend naar Amsterdam gegaan. We zijn … de trein gegaan … mijn vriend heeft zijn auto verkocht … Amsterdam … we de tram genomen.

Ik heb gewinkeld en nieuwe schoenen …. Mijn vriend … winkelen saai, dus hij is … een tentoonstelling gegaan. Daarna hebben we … een restaurant …. Het was erg goed, maar … hebben … veel betaald. We hebben genoeg … gehad voor … bioscoop. We … met de laatste … teruggegaan. We hebben … goed geamuseerd.

Exercise 8

Answer the questions in Dutch.

1 Verveel je je in de stad?
2 Reis je graag met de trein?
3 Houd je van appeltaart?
4 Heb je een auto?
5 Heb je het druk?
6 Hoe gaat het met je?
7 Wat heb je gisteren gedaan?
8 Wat heb je in het cafe gedronken?
9 Heb je aardige buren?
10 Schrijf je vaak brieven?

Week 7

- how adjectives add an -e ending in certain circumstances
- the comparative form of adjectives ('larger', 'smaller')
- ways of making comparisons
- the superlative of adjectives ('largest', 'smallest')
- adverbs
- diminutives and when to use them

35 ADJECTIVES IN FRONT OF THE NOUN

The following are examples of Dutch adjectives that you
have already met: **groot**, **leuk**, **mooi**, **duur**, **blauw**,
wit. So far, you have seen adjectives placed after the
noun in a sentence:

Het huis is groot.
Deze schoenen zijn duur.
Mijn tuin is mooi.

When adjectives are placed in front of the noun, they add
the ending **-e**:

Het grote huis.
Deze dure schoenen.
Mijn mooie tuin.

SPELLING NOTE: Remember to apply the spelling rules
given in section 4, on the addition of the final **-e**, which
adds another syllable to the adjective (e.g. **groot** →
grote and **wit** → **witte**).

PRONUNCIATION NOTE: The final **-e** is pronounced like
the **e** in **vader**.

BUT no **e** is added to the adjective when it precedes a
neuter singular noun without an article, as in:

het weer (the weather)   *so*   **mooi weer** (lovely
                                                weather)
het water (the water)   *so*   **warm water** (hot water)

or a neuter singular noun preceded by **een, geen, veel**:

een aardig meisje (a nice girl)
geen groot huis (not a large house)
veel warm water (a lot of hot water)

Adjectives which end in **-en** never add **-e**. Here are a few examples:

gebroken (broken)
gesloten (closed)
gouden (gold, golden)
houten (wooden)
open (open)
zilveren (silver)

so
een houten stoel (a wooden chair)
de zilveren ring (the silver ring)

linker ('left') and **rechter** ('right') never add **-e**, but are nearly always joined to the following noun:

de linkerhand (the left hand)
de rechterarm (the right arm)

Sometimes the noun following an adjective is omitted if it has been mentioned earlier. In English 'one' is inserted in its place, e.g. 'the blue one'. In Dutch there is no equivalent of 'one', but the adjective still adds **-e** according to the rules given above:

Koop je een jurk? Ja, ik neem de blauwe.
Are you buying a dress? Yes, I'll take the blue one.
Neemt u een groot glas bier of een klein?
Are you having a large glass of beer or a small one?

36 COMPARISON OF ADJECTIVES ('LARGER', 'SMALLER')

The comparative form of the adjective is used when comparing two things. The ending **-er** is added to the adjective.

Dat huis is groter dan dit.
That house is larger than this one.
Zijn tuin is mooier dan de mijne.
His garden is more beautiful than mine.

SPELLING NOTE: Remember to apply the spelling rules from section 4, when adding an extra syllable, where a double vowel changes to a single vowel (e.g. **groot, groter**) and a single consonant becomes double (e.g. **dik, dikker**).

For the comparative, **-er** is added to all adjectives in Dutch, regardless of their number of syllables. In this respect, Dutch differs from English which also has the construction 'more' + adjective. For example:

Die film is interessanter dan deze.
That film is more interesting than this one.

Adjectives ending in **-r** insert **d** before the comparative ending:

lekker	**lekkerder**
duur	**duurder**
mager (thin)	**magerder**
ver (far)	**verder**

Comparative adjectives inflect (i.e. add the ending **-e**) according to the same rules as ordinary adjectives when they consist of two syllables:

Wij hebben een grotere tuin nodig.
We need a bigger garden.

Zij hebben een kleiner huis gekocht.
They have bought a smaller house.

Notice how in the last example above, this adherence to the same rules means that **kleiner** does not inflect, because it precedes a neuter singular noun with **een** (see section 35).

Comparative adjectives of three or more syllables do not add **-e**:

Ik heb een interessanter film gezien.
I have seen a more interesting film.

37 WAYS OF MAKING COMPARISONS

1 Using a comparative adjective + **dan** (see section 36).

2 Using **even** + adjective + **als**. This is equivalent to the English 'as ... as':

Zijn huis is even groot als het mijne.
His house is as big as mine.

3 Using **net zo** + adjective + **als**. This construction is more emphatic than the previous one:

Mijn tuin is net zo mooi als de zijne.
My garden is just as lovely as his.

VOCABULARY

ander	other
de badkamer	bathroom
een beetje	a little, a bit
het erg vinden	to mind *hence …*
ik vind het niet erg	I don't mind
donker	dark
de douche (pron. **doosh**)	shower
eerst	first
de gor'dijn	curtain
herinneren aan	remind of
in'eens	suddenly
interes'sant	interesting
de kamer	room
de ketel	kettle
de keuken	kitchen
de kleur	colour
licht	light
het ligbad	bath
de mens	person
de muur	wall
nieuws'gierig	inquisitive, curious
prachtig	splendid
het raam	window
schilderen	paint
de slaapkamer	bedroom
slecht	bad
trek hebben in	to feel like
Ik heb trek in een kopje thee	I feel like a cup of tea
het uitzicht	view
het vloerkleed	carpet
voor'al	especially
de woonkamer	living room
het ziekenhuis	hospital
zo'als	as

Exercise 33

Translate the following sentences into English:

1 Ik heb een grote woonkamer.
2 Zij hebben nieuwe gordijnen en een nieuw vloerkleed.
3 Het is mooi weer vandaag.
4 Mijn vader heeft een nieuwe auto nodig.
5 Heb je trek in een lekker glas bier?
6 Wat een prachtig uitzicht!
7 Wij houden niet van donkere kleuren.
8 Mijn zus vindt witte muren mooi.

Exercise 34

Translate the following sentences into English:

1 De slaapkamer is veel groter dan de keuken.
2 Ik vind dit vloerkleed mooier dan dat.
3 Mijn broer vindt koffie lekkerder dan thee.
4 Grotere huizen zijn ook duurder.
5 Ik heb een veel interessanter biografie gelezen.
6 Hun badkamer is even klein als onze keuken.
7 Vind je bier net zo lekker als wijn?
8 Onze poes is veel magerder dan die van jullie.

7

Exercise 35

Translate the following sentences into Dutch:

1 This room has large windows.
2 Have you (singular) got a new carpet?
3 The wooden chair is in the bedroom.
4 Broken windows are dangerous.
5 It's bad weather today.
6 When did you (polite) buy those white shoes?
7 I think the darker colour is prettier.
8 The bathroom is as big as the kitchen.

Drills

1 Substitution drill

Substitute the word in the second column for the word in bold type in the first column, making any necessary changes to the adjective or article:

Ik heb een dure **jurk** gekocht.	**auto**
Ik heb een dure **auto** gekocht.	**boek**
Ik heb een duur **boek** gekocht.	**schoenen**
Ik heb dure **schoenen** gekocht.	**vloerkleed**
Ik heb een duur **vloerkleed** gekocht.	**fiets**
Ik heb een dure **fiets** gekocht.	**gordijnen**
Ik heb dure **gordijnen** gekocht.	**kleren**
Ik heb dure **kleren** gekocht.	

2 Stimulus-response drill

S Wij hebben een grote slaapkamer.
R Die van mij is groter.

S Wij hebben een kleine keuken.
R Die van mij is kleiner.

S Wij hebben aardige buren.
R Die van mij zijn aardiger.

S Wij hebben een interessant boek.
R Dat van mij is interessanter.

S Wij hebben een zware tas.
R Die van mij is zwaarder.

S Wij hebben een mooi huis.
R Dat van mij is mooier.

S Wij hebben een duur cadeautje.
R Dat van mij is duurder.

Theepauze

GERDA Kom binnen, pa. Dit is mijn nieuwe huis.
Neem je eerst een lekker kopje thee?

VADER Welnee, ik ben veel te nieuwsgierig. Dit is
de woonkamer, neem ik aan. Wat een
prachtig uitzicht over de stad, zeg! Heb je
de muren zelf geschilderd?

GERDA Ja, en ik heb de gordijnen ook zelf gemaakt.

VADER Ik vind het een gezellige kamer, vooral met
dat grote raam en de lichte kleuren.

GERDA We gaan nu naar de slaapkamer.

VADER Tja, deze kamer is niet zo groot als de
andere, en donkerder ook.

GERDA Maar ik ben nog niet klaar met deze kamer,
zoals je ziet.

VADER Maak je de muren dan wit, denk je?

GERDA Witte muren herinneren me een beetje aan
een ziekenhuis. Ik vind een lichte kleur
veel mooier.

VADER Je hebt een vloerkleed nodig, zie ik. Ik heb
iets voor je thuis.

GERDA O pap! Wat aardig van je! En nu de
badkamer.

VADER Deze is nog kleiner dan de slaapkamer.
Maar ja, heel veel mensen hebben een
douche en geen ligbad.

GERDA Ik vind het niet erg. Hier heb je de keuken.
Wat zoek je?

VADER De ketel. Ik heb ineens trek in een kopje
thee.

7

Teabreak

GERDA   Come in, dad. This is my new home. Will you have a nice cup of tea first?

FATHER   Oh no, I'm much too inquisitive. This is the living room, I suppose. What a splendid view of the town! Did you paint the walls yourself?

GERDA   Yes, and I made the curtains myself, too.

FATHER   I think it's a pleasant room, especially with that large window and the light colours.

GERDA   We'll go to the bedroom now.

FATHER   Hmm, this room isn't as big as the other, and it's darker, too.

GERDA   But I haven't finished this room yet, as you see.

FATHER   Will you do the walls white, do you think?

GERDA   White walls remind me a bit of a hospital. I think a light colour is much prettier.

FATHER   You need a carpet, I see. I've got something at home for you.

GERDA   Oh dad! How nice of you! And now the bathroom.

FATHER   This one is even smaller than the bedroom. Still, lots of people have a shower and no bath.

GERDA   I don't mind. Here's the kitchen. What are you looking for?

FATHER   The kettle. I suddenly feel like a cup of tea.

7

38 SUPERLATIVE OF ADJECTIVES ('LARGEST', 'SMALLEST')

The superlative adjective indicates the highest degree of the quality or characteristic denoted by the adjective (i.e. 'biggest', 'most expensive' etc). It has the ending **-st**.

groot	**grootst**
mooi	**mooist**
klein	**kleinst**
duur	**duurst**
ver	**verst**

SPELLING NOTE: **-st** does not add an extra syllable, so the spelling is unaffected.

Adjectives already ending in **-s** simply add **-t**;

fris (fresh)	**frist**
dwaas (silly)	**dwaast**

All superlatives add **-e** when used in front of the noun:

Dit is de mooiste tuin van de hele buurt.
This is the loveliest garden in the whole neighbourhood.
Ik koop altijd de duurste kleren.
I always buy the most expensive clothes.
Hij heeft het grootste huis.
He has the largest house.

All superlatives add **-e** when used independently with the definite article:

Piet is de oudste van de twee.
Pete is the older of the two.

Note from the above example that, unlike the English, in Dutch the superlative is used when two things are compared.

Het plus superlative is used after a noun and verb.

For example:
Mijn broer werkt het hardst(e).
My brother works hardest.
De duurste kleren zijn niet altijd het mooist(e).
The most expensive clothes are not always the prettiest.

Note that the superlative adds an **-e** in spoken Dutch.

Below are three common adjectives which form their comparative and superlative irregularly:

goed (good)	**beter**	**best**
veel (much)	**meer**	**meest**
weinig (little)	**minder**	**minst**

39 ADVERBS

7

Adverbs supply the information 'how', 'when', 'where', 'why' in a sentence. In English they are generally formed by adding the ending -ly to an adjective ('slowly', 'quickly').

The following are examples of Dutch adverbs that you have already encountered in previous chapters: **erg, al, altijd, nooit, hier, daar.**

In Dutch, the form of many adverbs is identical to that of the adjective, so that **goed**, for example, is sometimes translated as 'good' and sometimes as 'well':

Een goed boek. A good book.
Hij schrijft goed. He writes well.
Similarly
Harde muziek. Loud music.
Zij praat hard. She talks loudly.

Adverbs which also function as adjectives have a comparative and superlative form. The superlative is always preceded by **het**:

Hij schrijft goed, maar zij schrijft beter.
He writes well, but she writes better.
Deze auteur schrijft het best.
This author writes best.

40 DIMINUTIVES

The following are examples of Dutch diminutives that you have already encountered: **cadeautje, kopje, pakje, poesje, stukje, terrasje**.

Diminutives are formed by the addition of a suffix, such as **-je**, to the noun which adds the qualification 'small' or 'little' to that noun.

For example:
Het huisje. The little house, the cottage.

Diminutives are used very frequently in Dutch to convey not only small size, but also affection, as with **poesje**, or a lack of importance as with **cadeautje** – 'a little something'.

A diminutive often forms a separate word in its own right:

het brood (bread)
het broodje (bread roll)
de telefoon (telephone)
het telefoontje (telephone call)

All diminutives are **het**-nouns.

The following suffixes are used to form the diminutive in Dutch:

1 The basic diminutive ending is **-je** added to nouns ending in a voiceless consonant, as in:

brood	**broodje**
huis	**huisje**
kop	**kopje**
poes	**poesje**
stuk	**stukje**

PRONUNCIATION NOTE: When the noun ends in **-t/-d**, the combination **t/d + j** is pronounced rather like English 'ch'. For example: **broodje** [broh-cher]. When the noun ends in **-s**, the combination **s + j** is pronounced rather like English 'sh'. Thus: **poesje** [poo-sher].

2 **-tje** is added to nouns ending in a vowel **(a, o, u** are doubled):

koe (cow)	**koetje**
sla (salad)	**slaatje**

or a diphthong (see section 3):

rij (row, queue)	**rijtje**
trui (jumper)	**truitje**

or when the noun ends in **-l**, **-n**, **-r** preceded by a long vowel, diphthong, or the weak vowel (see week 1, section 3):

paar	**paartje**
tafel	**tafeltje**
trein	**treintje**

PRONUNCIATION NOTE: See section 2 for pronunciation of **t + j**.

3 **-etje** is added to nouns ending in **-l, -m, -n, -r, -ng** preceded by a short vowel (see section 3B). Thus:

bal (ball)	**balletje**
kam (comb)	**kammetje**
man (man)	**mannetje**
ster (star)l	**sterretje**
ring (ring)	**ringetje**

SPELLING NOTE: The final consonant is always doubled on the addition of the suffix except in the case of **-ng**.

4 **-pje** is added to nouns ending in:

-m preceded by a long vowel as in:

boom (tree)　　**boompje**

-m preceded by a diphthong as in:

rijm (rhyme)　　**rijmpje**

-m preceded by the weak vowel as in:

bodem (bottom)　**bodempje**

　-m preceded by **l** or **r** as in:

film (film)	**filmpje**
arm (arm)	**armpje**

5 **-kje** is added to nouns ending in **-ing** when the syllable before last is stressed. The **g** is dropped from the spelling:

woning (flat)　　**woninkje**

VOCABULARY

de anderen	the others
de arts	doctor
de au'teur	author
de computer	computer
dagenlang	for days
di'rect	direct
de dokter	doctor
elk	each, every
de fa'milie	family
het gezin	family
gezond	healthy
goed'koop	cheap
de hoest	cough
hoesten	cough (verb)
de kat	cat
het katje	kitten
klinken	sound
lijken	seem
de pil	pill
het re'cept	prescription, recipe
rennen	run
slikken	swallow
tegenwoordig	nowadays
het toetje	pudding
vreemd	strange
vreselijk	terrible
de wachtkamer	waiting room
wakker	awake
wakker blijven	stay awake
wakker houden	keep awake
wekenlang	for weeks

7

Exercise 36

Give the diminutives of the following nouns.
For example, de tuin = het tuintje.

1 de stoel	**5** de kam	**9** de woning
2 de dochter	**6** de film	**10** het huis
3 de brief	**7** de dag	**11** de bal
4 het terras	**8** de tafel	**12** de boom

Exercise 37

Translate the following sentences into English:

1 Dit is het kleinste katje.
2 Hun jongste kind heeft een nieuwe fiets.
3 Ik vind deze kamer het mooist.
4 Tegenwoordig hebben de meeste mensen een
computer.
5 Mijn zoontje zingt het best.
6 Ik heb de duurste schoenen niet gekocht.
7 Heb je het briefje gelezen?
8 Deze auteur schrijft erg goed.
9 Hij houdt het meest van rode wijn.
10 Zij eten het toetje altijd het liefst.

Exercise 38

Translate the following sentences into Dutch:

1 This is the cheapest car.
2 Take the healthiest kitten.
3 We went to the best restaurant.
4 Your (plural) little garden is very pretty.
5 She always drinks the most expensive wine.
6 This little dog runs the fastest.
7 Thank you (singular) for the little present.
8 Did you (polite) get my note?

Drills

1 Stimulus-response drill

S Deze fiets is nieuw.
R Ja, het is onze nieuwste fiets.

S Deze auto is oud.
R Ja, het is onze oudste auto.

S Dit boek is interessant.
R Ja, het is ons interessantste boek.

S Deze wijn is lekker.
R Ja, het is onze lekkerste wijn.

S Dit vloerkleed is duur.
R Ja, het is ons duurste vloerkleed.

S Deze broodjes zijn vers.
R Ja, het zijn onze verste broodjes.

S Dit restaurant is goed.
R Ja, het is ons beste restaurant.

2 Stimulus-response drill

S Dat kost veel.
R Maar dit kost het meest.

S Die zingt goed.
R Maar deze zingt het best.

S Die zwemt snel.
R Maar deze zwemt het snelst.

S Die leest weinig.
R Maar deze leest het minst.

S Die fietst graag.
R Maar deze fietst het liefst.

S Die werkt hard.
R Maar deze werkt het hardst.

S Dat smaakt lekker.
R Maar dit smaakt het lekkerst.

Wie is de patiënt?

DOKTER	**Hoe gaat het met u, mevrouw de Ruiter?**
MEVR DE RUITER	**Het gaat best, dokter.**
DOKTER	**En met het kleintje? Hij is zeker de gezondste van de hele familie.**
MEVR DE RUITER	**Nou, hij eet het minst en hij hoest 's nachts.**
DOKTER	**Hij is de jongste en hij eet minder dan de anderen. Dat lijkt mij niet zo heel vreemd. Eet hij een beetje van alles?**
MEVR DE RUITER	**Hij eet zijn toetje het liefst.**
DOKTER	**Tja. Houdt die hoest hem wakker?**
MEVR DE RUITER	**Niet direct, nee. Maar het klinkt zo vreselijk. Dat is het ergste.**
DOKTER	**Dus, u slaapt niet zo goed, mevrouw.**
MEVR DE RUITER	**Ik heb wekenlang niet geslapen, dokter.**
DOKTER	**O, dat is makkelijk dan. U slikt één van deze pilletjes elke nacht en dan slaapt u het lekkerst van het hele gezin. Hier is het recept.**
MEVR DE RUITER	**Dank u wel. Dag.**
DOKTER	**Dag mevr de Ruiter. Dag, jongetje.**

7

TRANSLATION

Who's the patient?

DOCTOR	How are you, Mrs de Ruiter?
MRS DE RUITER	Fine, doctor.
DOCTOR	And the little one? I'm sure he's the healthiest of the whole family.
MRS DE RUITER	Well, he eats the least and he coughs at night.
DOCTOR	He's the youngest and he eats less than the others. That doesn't seem all that strange to me. Does he eat a bit of everything?
MRS DE RUITER	He likes his pudding best.
DOCTOR	Mmm. Does that cough keep him awake?
MRS DE RUITER	Not exactly, no. But it sounds so awful. That's the worst thing.
DOCTOR	So, you're not sleeping very well.
MRS DE RUITER	I haven't slept for weeks, doctor.
DOCTOR	Oh, that's easy, then. Just take one of these little pills every night and you'll sleep the best of the whole family. Here's the prescription.
MRS DE RUITER	Thank you very much. Bye.
DOCTOR	Bye Mrs de Ruiter. Bye little boy.

7

Week 8

- modal verbs: 'kunnen' ('can', 'be able'), 'moeten' ('must', 'have to'), 'mogen' ('may', 'be allowed to') and 'willen' ('want')
- separable verbs
- stressed verbal prefixes
- adjectives used as nouns

41 MODAL VERBS: CAN, MUST, MAY, WANT

These are auxiliary verbs which are normally used in conjunction with an infinitive.

For example:
Ik moet gaan.
I must go.

There are four such verbs: **kunnen** can, **moeten** must, **mogen** may, and **willen** want. Since the present tense of these verbs is irregular, it will be given in full and should be learnt.

1 kunnen can, be able, be possible:

ik kan	wij kunnen
jij kunt/kan	jullie kunnen
u kunt/kan	u kunt/kan
hij kan	zij kunnen

The two **jij-** forms of the verb are both used frequently. When inverted, **jij kunt** becomes **kun jij**. The past participle is **gekund**.

2 moeten must, have to:

ik moet	wij moeten
jij moet	jullie moeten
u moet	u moet
hij moet	zij moeten

The **jij-** form does not change when inverted. The past participle is **gemoeten**.

3 mogen may, be allowed to:

ik mag	wij mogen
jij mag	jullie mogen
u mag	u mag
hij mag	zij mogen

The past participle is **gemogen**.

4 willen want:

ik wil	wij willen
jij wilt	jullie willen
u wilt	u wilt
hij wil	uj willen

The **jij-** form drops the **-t** when inversion occurs. The past participle is **gewild**.

42 USE OF MODAL VERBS

As well as being used with the infinitive of another verb, modal verbs can be used on their own. Very often, a common verb, such as **doen**, is implied and may need to be supplied in the English translation. For example:

Hij kan het goed. He can do it well = he's good at it.
Ik moet wel. I must, I've got to.
Wij willen het wel. We want to (do it).

Kunnen, moeten and **mogen** also have an impersonal construction with **het/dat +** verb. For example:

Dat kan. That is possible, that can be done.
Het moet. It must be done.
Dat mag. That is allowed.
(Often translated as 'you may'.)

The past participle of modal verbs only occurs when the verb is used independently. For example:

Hij heeft het niet gekund.
He couldn't.
Ik heb het niet gemoeten.
I didn't have to.
Wij hebben het gemogen.
We were allowed to.
Zij heeft het niet gewild.
She didn't want to.

Gemoeten and **gemogen** are used infrequently.

When a modal verb is used in conjunction with another verb, it is the modal auxiliary which agrees with the subject, while the second verb is always an infinitive. For example:

Zij kunnen morgen niet komen.
They can't come tomorrow.
Zij moet vanavond vroeg naar huis gaan.
She's got to go home early this evening.
U mag hier niet roken.
You are not allowed to smoke here.
Ik wil met de auto gaan.
I want to go by car.

Note that the modal verb is always the *SECOND* item in the sentence and the infinitive is always *LAST*.

To ask a question, simply invert subject and modal, leaving the infinitive in final position:

Moet zij vanavond vroeg naar huis gaan?
Does she have to go home early this evening?

When the perfect tense of a modal auxiliary is required, and it is used in conjunction with another verb, the past participle is replaced by the infinitive. Remember that it is the perfect tense auxiliary verb **hebben** which now agrees

with the subject and takes second place in the sentence.
For example:

Ik heb gisteren kunnen komen.
I was able to come yesterday.
Dat heeft zij altijd willen doen.
She has always wanted to do that.

Note that the two infinitives are placed at the end of the
sentence and the modal infinitive always comes first.

To ask a question, invert the subject and the perfect
tense auxiliary **hebben**, leaving the two infinitives in final
position. For example:

Heeft zij dat altijd willen doen?
Has she always wanted to do that?

43 ADJECTIVE + S

When the adjective is placed immediately after **iets,
niet, veel, weinig, wat**, it adds the ending **-s**.
For example:

Heb je iets moois gekocht?
Did you buy something pretty?
Niets nieuws.
Nothing new.

VOCABULARY	
als het ware	as it were
het avondeten	evening meal
beginnen (is begonnen)	begin (has begun)
beslist	definitely
boven'dien	moreover, what is more
de coupé	compartment
de dame	lady
het di'ner	dinner

de eenpersoonskamer	single room
enig	only, single
het ho'tel	hotel
lukken (is gelukt)	succeed (has succeeded)
het lukt mij	I succeed
de meneer	gentleman
met z'n tweeën	the two of us (you, them)
niemand	no-one
niemand anders	no-one else
onder de twee jaar	under two (years of age)
onredelijk	unreasonable
de receptio'nist	receptionist
ser'veren	serve
de sleutel	key
het spijt mij	I'm sorry
de streek	region, district
de taxi	taxi
de tweepersoonskamer	double room
waar	true

Exercise 39

Translate the following sentences into English:

1 Ik wil hier eten.
2 Wij kunnen vanavond niet komen.
3 Zij moet met een taxi naar huis gaan.
4 U mag in deze coupé niet roken.
5 Wij willen een tweepersoonskamer met bad.
6 Mag ik aan deze tafel zitten?
7 Kun je dit even voor me doen?
8 Ze moeten het museum beslist bezoeken.
9 Het spijt me, maar het mag niet.
10 Willen jullie rode of witte wijn?

8

Exercise 40

Translate the following sentences into English:

1 Zij heeft vroeg moeten gaan.
2 Hebben jullie gisteren niet kunnen komen?
3 Wat heeft u willen kopen?
4 Ik heb hard moeten werken.
5 De kinderen hebben hier niet mogen spelen.
6 Wij hebben niets leuks kunnen vinden.
7 Het heeft niet gekund.
8 Dat hebben wij niet mogen doen.
9 Heb je een hotelkamer kunnen krijgen?
10 Ik heb iets vriendelijks willen zeggen, maar het is me niet gelukt.

Exercise 41

Translate the following sentences into Dutch:

1 He cannot come today.
2 May I have the key?
3 We must buy a new computer.
4 This gentleman wants a double room.
5 Can you (polite) do it immediately?
6 Do you (plural) have to go home now?
7 We wanted to buy something cheap.
8 They had to take a taxi.
9 Were you (singular) allowed to smoke?
10 I was not able to carry that heavy case.

8

Drills

1 Substitution drill

Ik kan het niet doen.	**jullie**
Jullie kunnen het niet doen.	**hij**
Hij kan het niet doen.	**wij**
Wij kunnen het niet doen.	**jij**
Jij **kunt** het niet doen.	**moet**
Jij moet het niet doen.	**u**
U moet het niet doen.	**zij** (plural)
Zij moeten het niet doen.	**hij**
Hij **moet** het niet doen.	**mag**
Hij mag het niet doen.	**wij**
Wij mogen het niet doen.	

2 Stimulus-response drill

S Wat heb je gekocht?
R Ik heb niets kunnen vinden.

S Wat hebben ze gekocht?
R Ze hebben niets kunnen vinden.

S Wat heeft ze gekocht?
R Ze heeft niets kunnen vinden.

S Wat heeft u gekocht?
R Ik heb niets kunnen vinden.

S Wat hebben jullie gekocht?
R We hebben niets kunnen vinden.

S Wat heeft hij gekocht?
R Hij heeft niets kunnen vinden.

S Wat heeft die dame gekocht?
R Ze heeft niets kunnen vinden.

8

Snel geregeld

MENEER DE WAARD **Goedenavond. Ik wil een eenpersoonskamer met bad.**

RECEPTIONIST **Het spijt mij, meneer, maar wij hebben alleen maar een tweepersoonskamer met douche.**

MENEER DE WAARD **Kan ik hier eten?**

RECEPTIONIST **Ja, natuurlijk. Maar het diner is al begonnen. Het is vrij laat. U moet zich haasten – over een half uur serveren we niet meer.**

MENEER DE WAARD **Mag ik mijn hondje op mijn kamer hebben? Hij zit buiten in de auto.**

RECEPTIONIST **Het spijt mij, maar dat mag in dit hotel niet. Wij nemen geen honden en geen kinderen onder de twee jaar.**

MENEER DE WAARD **Dan moet ik een ander hotel zoeken.**

RECEPTIONIST ***Wij* zijn het enige hotel in deze streek. Weet u dat niet? En bovendien is het al laat.**

MENEER DE WAARD **Dat is waar. Dus krijgt u nu zeker niemand anders voor die kamer.**

RECEPTIONIST **Eh … ik denk het niet nee.**

MENEER DE WAARD **Het is een tweepersoonskamer, zegt u? Dus moet ik voor twee personen betalen. Dan betaal ik voor mijn hond als het ware. Dat lijkt mij niet onredelijk.**

RECEPTIONIST **Goed dan. Eet u vanavond alleen, of met z'n tweeën?**

Quickly settled

MR DE WAARD   Good evening. I want a single room with a bath.

RECEPTIONIST   I'm sorry sir, but we only have a double room with a shower.

MR DE WAARD   Can I eat here?

RECEPTIONIST   Yes, of course. But dinner has already begun. It is quite late. You'll have to hurry. We stop serving in half an hour.

MR DE WAARD   May I have my little dog in my room? He's outside in the car.

RECEPTIONIST   I'm sorry, but that's not allowed in this hotel. We don't take dogs or children under two.

MR DE WAARD   Then I'd better look for another hotel.

RECEPTIONIST   We are the only hotel in this district. Didn't you know? And what is more, it's so late.

MR DE WAARD   That's true. So you won't be getting anyone else for that room now, will you?

RECEPTIONIST   Er ... I don't suppose so. No.

MR DE WAARD   It's a double room, you say? So I've got to pay for two people. So I'm paying for my dog as it were. That doesn't sound unreasonable to me.

RECEPTIONIST   All right then. Will you be dining alone, or is it the two of you?

8

You have already encountered (in week 5, section 31) inseparable verbs such as **vertellen**, where the prefix **ver-** is never separated from the rest of the verb. As their name suggests, separable verbs have prefixes which can be separated from the verb.

The infinitive is always one word, as in:

meegaan (to go along)
uitgaan (to go out)
weggaan (to go away)

(Note how the same verb can have different prefixes which add different meanings to the basic meaning.)

In the present tense, prefix and verb are separate. The verb remains in second position in the sentence and the prefix is placed in final position. For example:

Hij gaat vandaag weg. He's going away today.

To ask a question, simply invert subject and verb, leaving the prefix at the end of the sentence:

Ga je vanavond met ons mee?
Are you going along with us this evening?

The past participle has **-ge-** inserted between the prefix and the verb:

meegegaan
uitgegaan
weggegaan

Note that it is written as one word.

The perfect tense is formed according to the rules given in section 30, with the auxiliary verb second in the sentence and the past participle last:

Ik heb hem gisteren opgebeld.
I rang him up yesterday.
Zij zijn vanochtend op het station aangekomen.
They arrived at the station this morning.

The rules given in week 6, section 33 for the use of
hebben and **zijn** as perfect tense auxiliary also apply to
separable verbs.

45 SOME PREFIXES AND VERBS

Below is a list of stressed prefixes which are always
separable:

separable

prefix	infinitive	past participle	
af-	afmaken	afgemaakt	(to finish)
in-	inbreken	ingebroken	(to break in)
mee-	meenemen	meegenomen	(to take along)
op-	opeten	opgegeten	(to eat up)
tegen-	tegenkomen	tegengekomen	(to meet, run into)
toe-	toenemen	toegenomen	(to increase)
uit-	uitsteken	uitgestoken	(to hold out one's hand)

The prefixes **aan-, door-, om-, onder-, over-, voor-** are
separable when stressed and inseparable when unstressed.
For example:

stressed and separable

aankomen	**aangekomen**	(to arrive)
ombrengen	**omgebracht**	(to kill)
voorstellen	**voorgesteld**	(to represent, propose, suggest)

unstressed and inseparable

aanvaarden	**aanvaard**	(to accept)
omarmen	**omarmd**	(to embrace)
voorkomen	**voorkomen**	(to prevent)

8

Remember that inseparable verbs form their past participle without **ge-**.

46 ADJECTIVES AS NOUNS

In Dutch there are two ways to turn an adjective into a noun:

1 de + adjective + **e** as in:

de blinde	the blind man/woman/person
de rijke	the rich man/woman/person

This construction is used only to refer to people, and when translating into English remember that a noun such as 'person' must be supplied in the singular.

To form the plural in Dutch, **-en** is added to the adjective, and it is often not necessary to supply a noun in the English:

de blinden	the blind, blind people
de rijken	the rich

2 het + adjective + **e** as in:

het leuke	the nice thing
het goede	the good thing, good
het kwade	the evil thing, evil

This construction is used to form an abstract noun. There is no plural.

VOCABULARY

achterin	in/at the back
afhalen	collect, meet
de baan	job
dichtdoen (transitive)	shut

dichtgaan (intransitive)	shut
gastvrij	hospitable
de jaren negentig	the nineties
de kennis	friend, acquaintance
het huwelijk	marriage
instappen	get in
meerijden	have a lift
nergens	nowhere
opendoen (transitive)	open
opengaan (intransitive)	open
het por'tier	door (of car)
de studie	study, studies
de studievriend	college/university friend
terugkomen	come back, return
zich terugtrekken	withdraw, retire
terugzien	see again
de va'kantie	holiday, holidays
het vliegtuig	aeroplane
het vliegveld	airport
het voorstel	proposal

Exercise 42

Translate the following sentences into English:

1 Zijn vriendin gaat vandaag weg.
2 Wanneer komt zij terug?
3 Ik moet morgen opbellen.
4 Gaan jullie met ons mee?
5 Het leuke is – wij zien elkaar binnenkort terug.
6 Neem de sleutel mee.
7 Mag ik met jullie meerijden?
8 Wij halen onze dochter van het station af.
9 Kunt u de deur even voor me dichtdoen?
10 Het vliegtuig komt over een half uur aan.

8

Exercise 43

Translate the following sentences into English:

1 Zij is vanochtend weggegaan.
2 Hebben de kinderen alles opgegeten?
3 Wanneer heeft u hem opgebeld?
4 Zij zijn gisteren van hun vakantie teruggekomen.
5 Hij heeft haar op het perron omarmd.
6 Mijn zus heeft me met de auto afgehaald.
7 Dit dure hotel is eigenlijk alleen voor de rijken.
8 De bibliotheek is al dichtgegaan.
9 Ik ben met mijn broer meegereden.
10 Hebben zij zijn voorstel aanvaard?

Exercise 44

Translate the following sentences into Dutch:

1 They are coming back today.
2 When are you (polite) going away?
3 Ring him up.
4 You (singular) must eat everything up.
5 The library has special books for blind people.
6 Did they collect you (singular) from the airport?
7 Open the door.
8 I never saw him again.
9 What did he suggest?
10 She wants to have a lift with us.
11 I've finished my studies.
12 Did you (singular) take your brother along to the party?

Drills

1 Substitution drill

Ik ga met hem mee.	**jullie**
Jullie gaan met hem mee.	**zij** (singular)
Zij gaat met hem mee.	**wij**
Wij gaan met hem mee.	**jij**
Jij **gaat** met hem mee.	**rijdt**
Jij rijdt met hem mee.	**u**
U rijdt met hem mee.	**zij** (plural)
Zij rijden met hem mee.	**ik**
Ik rijd met hem mee.	**hij**
Hij rijdt met hem mee.	

2 Stimulus-response drill

S Bel je op?
R Ik heb al opgebeld.

S Neem je hem mee?
R Ik heb hem al meegenomen.

S Doe je de deur dicht?
R Ik heb de deur al dichtgedaan.

S Doe je het portier open?
R Ik heb het portier al opengedaan.

S Eet je het op?
R Ik heb het al opgegeten.

S Stel je iets voor?
R Ik heb al iets voorgesteld.

S Haal je haar af?
R Ik heb haar al afgehaald.

8

CONVERSATION

Een toevallige ontmoeting

FRANS Wilt u misschien met me meerijden? Ik ga namelijk ook naar het vliegveld. Stapt u maar in.

TINEKE O wat aardig van u. Dank u wel. Ik heb de bus net gemist.

FRANS Zet uw koffer maar achterin. Goed zo. Heeft u het portier goed dichtgedaan?

TINEKE Ik denk het wel. Waar gaat u naartoe? Ik ga naar Londen.

FRANS Nergens. Ik moet mijn vrouw afhalen. Die is net uit Engeland teruggekomen. Ze heeft kennissen in Londen.

TINEKE Ik ook. Ik heb Engels gestudeerd. Ik ben altijd met een studievriendin meegegaan naar London – het zijn eigenlijk vrienden van haar geweest. Maar het leuke is, zij zijn ontzettend gastvrij, en ik zie ze nog steeds.

FRANS Waar heeft u gestudeerd? Niet hier in Amsterdam?

TINEKE Jawel! Begin van de jaren negentig.

FRANS Marijke – mijn vrouw – ook!

TINEKE Bent u dan Frans?

FRANS Ja!

TINEKE Nee toch! Echt waar? Ik heb Marijke sinds jullie huwelijk niet teruggezien. Ze heeft zich een beetje teruggetrokken.

FRANS Nou, ze heeft het erg druk met haar baan en het huis.

TINEKE Tja, natuurlijk. Wat zijn die Engelsen gastvrij, zeg!

8

A chance encounter

FRANS Can I give you a lift, perhaps? You see, I'm going to the airport too. Jump in.

TINEKE Oh, how kind of you. Thank you. I've just missed the bus.

FRANS Just put your case in the back. Fine. Have you closed the door properly?

TINEKE I think so. Where are you going? I'm going to London.

FRANS Nowhere. I've got to collect my wife. She's just come back from England. She has friends in London.

TINEKE Me too. I studied English. I always went along with a university friend – they were really her friends. But the nice thing is, they're terribly hospitable and I still see them.

FRANS Where did you study? Not here in Amsterdam?

TINEKE Yes! In the early nineties.

FRANS Marijke – my wife – too!

TINEKE You're not Frans are you?

FRANS Yes!

TINEKE Well I never! Are you really? I haven't seen Marijke since your marriage. She seems to have shut herself away.

FRANS Well, she's very busy with her job and the house.

TINEKE Yes, of course. Those English people keep open house, don't they?

8

Week 9

Now it is once more time for revision and revision exercises. You will also learn about:
- the future tense and the use of the present for the future
- infinitive constructions

47 | TALKING ABOUT THE FUTURE

The future tense in Dutch consists of an auxiliary verb **zullen** (present tense), and an infinitive. For example:

Zij zullen komen. They will come.

The present tense of **zullen** is irregular and must be learnt.

ik zal	wij zullen
jij zult/zal	jullie zullen
u zult/zal	u zult/zal
hij zal	zij zullen

When inversion occurs, **jij zult** becomes **zul jij**.

Zullen agrees with the subject of the sentence and is in second place. It is used in conjunction with an infinitive which is always in final position, as in:

Ik zal het vandaag doen.
I shall do it today.
Je zult dat boek nergens krijgen.
You won't get that book anywhere.

Note that Dutch has one future auxiliary where English has two ('shall' and 'will').

As in English, the future can also be expressed in Dutch using gaan instead of **zullen**:

Wij gaan morgen een nieuwe auto kopen.
We are going to buy a new car tomorrow.
Gaat u in Amsterdam wonen?
Are you going to live in Amsterdam?

The future can also be expressed by the present tense in both Dutch and English. This method is used much more frequently in Dutch:

Ik ben morgen thuis.
I'll be at home tomorrow/I'm at home tomorrow.

The future tense is not used in Dutch unless some extra meaning is to be conveyed. Its use often implies an intention or a promise:

Ik zal morgen thuis zijn.
I will be at home tomorrow.

48 VERBS: INFINITIVE CONSTRUCTIONS

Many common verbs in Dutch also function as auxiliary verbs. They are used in conjunction with another verb which is in the infinitive form. The auxiliary agrees with the subject and is the second item in the sentence. The infinitive is always at the end and may or may not be preceded by **te**.

Hij probeert te werken.
He is trying to work.

1 The verbs listed below are used as auxiliaries in conjunction with an infinitive without **te**:

blijven	stay, remain
doen	do, make
gaan	go
helpen	help
horen	hear
komen	come
laten	let, have (something done)
leren	teach, learn
vinden	find
voelen	feel
zien	see

9

For example:

Hij blijft staan. He is standing still.
Het doet me lachen. It makes me laugh.

Like modals, to form the perfect tense these verbs use an infinitive instead of a past participle (see section 42). Note the word order in the following examples:

Ik heb mijn schoenen laten repareren.
I have had my shoes repaired.
Zij is komen helpen.
She came to help.

2 Below is a list of the most important auxiliary verbs which require insertion of **te**:

beginnen	begin
durven	dare
hoeven	used as negative of **moeten**, for example: **Dat hoef je niet te doen.** You don't have to do that.
hopen	hope
liggen	when used as auxiliary, often translates the English verb 'to be', for example: **Zij ligt te slapen.** She is sleeping.
proberen	try
staan	often translates 'to be', for example: **Zij staan in de keuken te praten.** They are talking in the kitchen.
vergeten	forget
weten	know, sometimes translates 'to manage to'
zitten	often translates 'to be'

The regular way in which these verbs form the perfect tense is **hebben/zijn** + past participle **+ te +** infinitive.

9

For example:

Ik ben vergeten te schrijven.
I forgot to write.
Hij heeft geprobeerd me op te bellen.
He tried to ring me.

You can see from the second example that infinitives of separable verbs are separated by **te**, as in **op te bellen**. This is always written as three words.

NOTE: When used in the perfect tenses **durven, hoeven, liggen, staan** and **zitten** are partial exceptions to the rule given above. They form their perfect tenses in the same way as modals: the past participle is replaced by the infinitive, and **te** is dropped, for example:

Wij hebben naar de radio zitten luisteren.
We were (sitting) listening to the radio.

VOCABULARY

als de bliksem	like lightning, like a shot
de boottocht	boat-trip
een boottocht maken	go on a boat-trip
de broek	pair of trousers
de bruiloft	wedding
de cent	cent
de das	tie
deftig	smart, respectable
dom	stupid
er	there
eruitzien	look, appear
de handtas	handbag
het hemd	shirt
de hoed	hat
de hoek	corner
hoezo?	sorry? what do you mean?
de jas	coat
het jasje	jacket

9

jonge jonge!	goodness me!
kijken (gekeken)	look
leren	leather (adj.)
net	tidy, smart
overhebben	have left over
(overgehad)	
overhouden	save
(overgehouden)	
overreden	persuade
(overreed)	
het pak	suit
spe'ciaal	special
geen sprake van	out of the question
stomen	dry-clean
(gestoomd)	
de tele'visie (tv)	television
verbaasd	amazed, in amazement
het weekend	weekend
zomerkleren	summer clothes

Exercise 45

Translate the following sentences into English:

1 Ik zal hem morgen opbellen.

2 Hij gaat een nieuwe broek kopen.

3 Zullen wij naar de bruiloft gaan?

4 Wat gaat u nu doen?

5 De kinderen zullen zomerkleren nodig hebben.

6 Je zult geen cent overhebben.

7 Waarom gaan ze geen boottocht maken?

8 De grachten zullen er mooi uitzien.

9 Gaan we naar de tv kijken?

10 Zij zal het nooit weten.

Exercise 46

Translate the following sentences into English:

1 Zij zit te lezen.
2 Ik durf niet te kijken.
3 Zijn jullie vergeten te komen?
4 Ze hebben de hele avond zitten praten.
5 Hoor je haar roepen?
6 Hij hoeft geen nieuwe kleren te kopen.
7 Ik ben begonnen te lezen, maar het boek interesseert me niet.
8 Ziet u hem in de hoek zitten?
9 Wij zijn meteen gaan helpen.
10 Ik heb mijn oude jas laten stomen.

Exercise 47

Translate the following sentences into Dutch:

1 What are we going to do?
2 I shall buy a new hat.
3 They will never forget her.
4 The little tree is beginning to grow.
5 He tried to find a tie.
6 Are the children watching television?
7 I am teaching him to swim.
8 Did you (formal) have your jacket cleaned?
9 You (singular) stood watching in amazement.
10 We heard the neighbour (m.) singing in the bath.

9

Drills

1 Substitution drill

Ik zal het morgen proberen.	**jullie**
Jullie zullen het morgen proberen.	**u**
U zult het morgen proberen.	**zij** (singular)
Zij zal het morgen proberen.	**wij**
Wij zullen het morgen proberen.	**jij**
Jij zult het morgen proberen.	**zij** (plural)
Zij zullen het morgen proberen.	**hij**
Hij zal het morgen proberen.	

2 Stimulus-response drill

S Zij zitten te praten.
R Wij hebben ook zitten praten.

S Zij staan te kijken.
R Wij hebben ook staan kijken.

S Zij liggen te slapen.
R Wij hebben ook liggen slapen.

S Zij vergeten op te bellen.
R Wij zijn ook vergeten op te bellen.

S Zij leren fietsen.
R Wij hebben ook leren fietsen.

S Zij komen kijken.
R Wij zijn ook komen kijken.

S Zij blijven staan.
R Wij zijn ook blijven staan.

9

Wie is het knapste?

KEES   Wij gaan in het weekend naar een bruiloft. Het zijn deftige mensen en we zullen zeker nieuwe kleren nodig hebben.

FRED   Je hebt in jaren geen pak gedragen. Ga je iets speciaals kopen?

KEES   Ja, het moet. Ik heb een nette broek en een vrij nieuw jasje, maar die zijn niet goed genoeg volgens Gerda.

FRED   Waar is zij, trouwens?

KEES   O zij zit naar de tv te kijken. Ze is gisteren al een dure jas gaan kopen.

FRED   Ze zal beslist een leren handtas moeten kopen – en schoenen ook. En een hoed, en nog meer.

KEES   Jonge jonge! We hebben geen geld daarvoor.

FRED   Precies!

KEES   Hoezo?

FRED   Je hoeft Gerda niet eens te overreden. Je zegt iets van 'Je gaat die schoenen toch niet dragen, hoop ik' en ze is als de bliksem weg. Ze vergeet geld voor jou over te houden en er zal geen sprake meer van dat pak zijn.

KEES   Ik zal met een nieuw hemd en een goedkope das tevreden zijn. Wat ben jij slim, zeg – maar ik durf het niet te proberen …. Vind jij Gerda soms zo dom?

9

Who'll be smartest?

KEES We're going to a wedding at the weekend. They're smart people and we shall definitely need new clothes.

FRED You haven't worn a suit for years. Are you going to buy something special?

KEES Yes, I've got to. I've got a smart pair of trousers and a fairly new jacket, but they aren't good enough according to Gerda.

FRED Where is she, by the way?

KEES Oh, she's watching the telly. She's already been and bought an expensive coat yesterday.

FRED She'll certainly have to have a leather handbag – and shoes too. And a hat, and more besides.

KEES Goodness me! We haven't got any money for that

FRED Exactly!

KEES What do you mean?

FRED You won't even have to persuade Gerda. You say something like 'You're not going to wear those shoes, I hope' and she'll be off like a shot. She'll forget to save any money for you and that suit will be out of the question.

KEES I'll be satisfied with a new shirt and a cheap tie. You are a sly one, but I daren't try it …. Do you think Gerda's that stupid?

9

Revision exercises 3

Exercise 1

Fill in the gaps with an adjective from the list. Use each adjective only once, and add an **-e** where necessary.

groot, wit, aardig, interessant, duur, klein, moeilijk, lekker

1 Gelukkig zijn onze buren erg ....
2 Ik vond het een erg ... boek.
3 ... kinderen kunnen niet op straat spelen.
4 Mijn moeder houdt niet van kleuren. Ze heeft de muren ... geschilderd.
5 Ik heb geen geld meer. Ik heb hele ... schoenen gekocht.
6 Het is een lichte kamer met ... ramen.
7 Mijn vriendin houdt van ... eten en goede wijn.
8 Mijn broer vond het een ... les. Hij heeft niet veel geleerd.

Exercise 2

Fill in the correct form of the verb between brackets.

1 Jullie (moeten) hard werken.
2 Wij (kunnen) het verhaal niet geloven.
3 Jij (mogen) nu naar huis gaan.
4 Hij (willen) een nieuwe auto kopen.
5 Ik (kunnen) vrijdag niet komen.
6 Piet en Maarten (willen) naar het strand gaan.
7 Anneke (moeten) vanavond naar de dokter gaan.
8 Hij (mogen) het niet doen.
9 Ik (willen) een tweepersoonskamer reserveren.
10 (Kunnen) u misschien op zaterdag komen?

9

Exercise 3

Put the verb or verbs in the correct place in the sentence and alter the form if necessary.

For example:
Tante Lies morgen aankomen.→ Tante Lies komt morgen aan.

1 Ik haar vaak opbellen.
2 De kinderen de hele taart hebben opeten.
3 Tineke met ons meegaan.
4 Mijn broer gisteren al zijn weggaan.
5 We hem op straat zijn tegenkomen.
6 Je de deur willen dichtdoen?
7 Je het raam voor mij kunnen opendoen?
8 Ik je van het station komen afhalen.
9 Ik met jullie mogen meerijden?
10 We vanavond uitgaan.

Exercise 4

Put the verb in the future tense.

For example:
We komen wel.→ We zullen wel komen.

1 Ik ga beslist mee.
2 We halen je van het vliegveld af.
3 Hij doet het vandaag.
4 Welke auto koopt zij?
5 Ik ben morgen de hele dag thuis.
6 Aanvaardt u het voorstel?
7 Je gaat niet weg, hoop ik?
8 Ze bedoelen het goed.

9

Exercise 5

Supply the missing verb from the following list. You will need to use some verbs more than once.

willen, moeten, kunnen, blijven

'Ik ga zaterdag naar een feest. … je met me meegaan?'

'Dan … je een nieuwe broek kopen, vind ik. Die oude ziet er verschrikkelijk uit.'

'Ik … geen nieuwe broek kopen, want ik heb geen geld. En jij? … jij niet naar de kapper gaan? Anders … ik niet met jou gaan.'

'Dan … we beter niet gaan, denk ik.'

'Nou, … jij dan thuis zitten, ik ga wel!'

Exercise 6

Put the sentences into the perfect tense.

For example:
Ik moet lachen.→ Ik heb moeten lachen.

1 Ik wil een taxi nemen.
2 Je moet veel lezen.
3 We willen vroeg eten.
4 Ze kunnen vandaag niet komen.
5 Ik moet hard studeren.
6 Ze staan te wachten.
7 Ze zit te lachen.
8 De poes ligt de hele dag te slapen.
9 Zitten jullie niets te doen?
10 We zitten naar de radio te luisteren.
11 Ik leer haar zwemmen.
12 Hij blijft op het perron staan.
13 We komen je in de tuin helpen.
14 Ze gaat een nieuwe fiets kopen.
15 Laat je je schoenen repareren?

9

Week 10

- coordinating and subordinating conjunctions
- word order in subclauses
- the construction zijn + aan + het + infinitive
- past tenses of both weak and strong verbs
- past tenses of 'hebben' and 'zijn'
- uses of the past tense

49 COORDINATING CONJUNCTIONS

Conjunctions are words which join two sentences together. For example: **en** 'and'.

De hond slaapt en de kat speelt.
The dog is sleeping and the cat is playing.

en is described as a coordinating conjunction because it joins two sentences, or clauses, of equal importance. The word order is the same in both clauses. Other coordinating conjunctions are:

dus	so, thus
maar	but
of	or
want	for, because

Ga je mee of blijf je thuis?
Are you coming along or are you staying at home?
Ik zie haar nooit want ze woont zo ver weg.
I never see her because she lives so far away.

50 SUBORDINATING CONJUNCTIONS

Subordinating conjunctions introduce subclauses (see section 51). The most important ones are listed below:

dat	that

In English, 'that' is not always present, but if it can be inserted, for example 'he says (that) he's coming

tomorrow' then **dat** must be included in Dutch:
Hij zegt dat hij morgen komt.

nadat	after
omdat	because

Although **want** and **omdat** can both be translated as 'because', only **omdat** is used to answer the question 'why'.

totdat	until
voordat	before
hoe'wel	although
nu	now that
of	whether

Note the difference in meaning between **of** ('or') as a coordinating conjunction and **of** ('whether') as a subordinating conjunction.

ter'wijl	while
zoals	as
als	if, when
wan'neer	whenever, when
toen	when

Note that these last three conjunctions all have a translation 'when'. You must therefore be careful when using them:

als/wanneer are both used to translate 'when' referring to something which has yet to happen.

For example:
Als/wanneer hij komt ...
When he comes ...

als/wanneer are also both used to translate 'when' if something happens repeatedly:

Als/wanneer de zon schijnt, voel ik me gelukkig.
When (whenever) the sun shines I feel happy.

10

toen is only used to refer to an occasion in the past. It is only found with the simple past tense and past perfect tense in Dutch (see sections 53, 54 and 57):

Toen ik in Amsterdam woonde ...
When I lived in Amsterdam ...

51 WORD ORDER IN SUBCLAUSES

An important difference between Dutch and English is the word order in subclauses. A subclause is always dependent on another clause – the main clause. The two are joined by a subordinating conjunction, e.g. **dat**:

Mijn broer zegt dat hij een nieuwe auto heeft.
My brother says (that) he has a new car.

You are familiar with the word order of the main clause (see section 21), but in the subclause the verb is in final position.

If the verb has a separable prefix which normally stands at the end of the clause, e.g. **hij gaat weg**, the two are re–united in a subclause and written as one word:

... dat hij weggaat

In the perfect tense, the auxiliary may either precede the past participle or follow it at the end of a subclause:

Mijn broer zegt dat hij een nieuwe auto heeft gekocht/gekocht heeft.
My brother says that he has bought a new car.

In infinitive constructions (future tense, modal + infinitive, other auxiliary + infinitive: see week 9, section 48) the order of items at the end of the subclause is either auxiliary + infinitive, or infinitive + auxiliary:

**Mijn broer zegt dat hij een nieuwe auto zal kopen/
kopen zal.**
**Mijn broer zegt dat hij een nieuwe auto moet
kopen/kopen moet.**
**Mijn broer zegt dat hij een nieuwe auto gaat
kopen/kopen gaat.**

When the perfect tense of an infinitive construction is required, there are three verbs at the end of the subclause. The order is **hebben/zijn** + auxiliary + infinitive:

**Mijn broer zegt dat hij een nieuwe auto heeft
moeten kopen.**
Mijn broer zegt dat hij een nieuwe auto is gaan kopen.

If a Dutch sentence has the structure subclause + main clause, then the entire subclause is the first item in the word order of the sentence as a whole. It must then be followed by the main verb which is always the second item in the sentence (see week 4, section 21):

Wanneer de zon schijnt voel ik me gelukkig.

This construction is often used where English has the progressive form 'we are doing', 'he is singing', etc. This is because it conveys that a certain action is in progress.

For example:
Zij zijn aan het spelen. They are playing.
Ik ben een boek aan het zoeken. I am looking for a book.

It is not used with verbs of motion and position:

Wij gaan naar huis. We are going home.
De spiegel hangt aan de muur.
The mirror is hanging on the wall.

10

VOCABULARY

act'eren (geacteerd)	act
de ac'teur	actor
bekend	famous, well-known; familiar
de choco'la(de)	chocolate
commercieel	commercial
dichtbij	close to
gelijk hebben	be right
het gezicht	face
grappig	funny
hoe kan dat nou !	how on earth …!
ieder'een	everyone
zich inleven (ingeleefd) in	identify with, get into
missen	lack
de pauze	interval
het pub'liek	audience
'regenen (geregend)	rain
in de rij staan	queue
de re'clame	advert; advertising
spon'taan	spontaneous
het the'ater	theatre
de theatergroep	theatre group
het to'neel	stage
het toneelstuk	play
uitgeven (uitgegeven)	spend
verdienen (verdiend)	earn
'voorkomen (voorgekomen)	appear, seem; occur
voor'komen	prevent (note where stress is placed)
het komt mij bekend voor	it seems familiar to me

10

Exercise 48

Translate the following sentences into English:

1 Zij verdienen veel en zij geven veel uit.
2 Ik houd van het theater, maar ik ga ook naar de bioscoop.
3 Blijf je thuis of ga je uit?
4 Het regent, dus wij gaan met de auto.
5 Weet u of het waar is?
6 Ik denk dat hij gelijk heeft.
7 Ze is haar haar aan het wassen.
8 Als het kan, willen wij vanavond naar het theater gaan.
9 Ze zegt dat ze aan het eten zijn.
10 Wanneer het mooi weer is, gaan de kinderen in het park spelen.
11 Zijn gezicht komt mij bekend voor, want ik heb hem op de tv gezien.
12 Hij zegt dat hij veel gelachen heeft omdat het stuk zo grappig is.

Exercise 49

Translate the following sentences into Dutch:

1 He watches television and she listens to the radio.
2 We are washing the car.
3 He acts well, but he is not famous.
4 I think that you (formal) are right.
5 She wants to know whether you (sing.) are working.
6 Are you (plural) going to a restaurant before you go to the theatre?
7 If it is nice weather I shall go to the beach.
8 When it rains I stay at home.
9 Are you (sing.) learning French or do you speak it already?
10 We aren't going along because we've already seen the play.

10

Drills

1 Stimulus-response drill

S Spelen de kinderen?
R Ja, ze zijn aan het spelen.

S Eten jullie?
R Ja, we zijn aan het eten.

S Leest ze?
R Ja, ze is aan het lezen.

S Schrijf je?
R Ja, ik ben aan het schrijven.

S Koopt hij een boek?
R Ja, hij is een boek aan het kopen.

S Wassen ze de auto?
R Ja, ze zijn de auto aan het wassen.

S Werkt ze?
R Ja, ze is aan het werken.

2 Stimulus-response drill

S Waarom fiets je?
R Omdat ik graag fiets.

S Waarom doe je dat?
R Omdat ik dat graag doe.

S Waarom werk je?
R Omdat ik graag werk.

S Waarom acteer je?
R Omdat ik graag acteer.

S Waarom studeer je?
R Omdat ik graag studeer.

S Waarom kook je?
R Omdat ik graag kook.

S Waarom bel je op?
R Omdat ik graag opbel.

10

Pauze

HENK Het verbaast me dat we kaarten voor vanavond hebben kunnen krijgen. Het is zo ontzettend druk.

ROOS Hoe lang is de pauze? Denk je dat we tijd hebben voor een kopje koffie?

HENK Jazeker. Zullen we in de rij gaan staan?

ROOS Hoe vind je het toneelstuk? Goed geacteerd, hè?

HENK Ik vind dat het stuk zelf iets mist, hoewel het best grappig is. Maar zoals je zegt, kunnen die mensen goed acteren.

ROOS Ze zijn in ieder geval enthousiast en spontaan. Dat is het leuke van deze kleine theaters – dat het publiek dichtbij het toneel zit en zich in het stuk makkelijk in kan leven.

HENK Weet jij of die jonge acteur bekend is? Ik ken zijn gezicht.

ROOS Nu je het zegt, zie ik wat je bedoelt. Volgens mij heb ik hem op de tv gezien in een reclame voor chocola. Kan dat?

HENK Je hebt gelijk! Hij verdient zeker niet zo veel bij deze theatergroep. Ook als je niet erg bekend bent, kun je toch meer met commerciële dingen verdienen –

ROOS Henk! Heb jij de bel gehoord? Iedereen is weg! Hoe kan dat nou!

10

Interval

HENK It amazes me that we managed to get tickets for tonight. It's so terribly busy.

ROOS How long is the interval? Do you think we have time for a cup of coffee?

HENK Of course. Shall we go and stand in the queue?

ROOS What do you think of the play? Well acted, isn't it?

HENK I think the play itself lacks something, although it's quite funny. But as you say, those people can act.

ROOS They're enthusiastic and spontaneous, at any rate. That's the nice thing about these little theatres – that the audience sits close to the stage and can get into the play easily.

HENK Do you know whether that young actor is well-known? I know his face.

ROOS Now that you mention it, I can see what you mean. I reckon I've seen him on television in an advert for chocolate. Is that possible?

HENK You're right! He probably doesn't earn that much with this theatre group. Even if you're not very well-known, you can earn more from commercial things –

ROOS Henk! Did you hear the bell? Everyone's gone! How on earth …!

10

53 | WEAK VERBS: PAST TENSE

The past tense of weak verbs consists of the stem of the verb + **te(n)/de(n)**.

1 Verbs whose stem ends in **p**, **t**, **k**, **s**, **f**, **ch** (remember **'t kofschip**) add **-te(n)** and the rest add **de(n)**.

past tense **hopen**	past tense **betalen**
ik hoopte	**ik betaalde**
jij hoopte	**jij betaalde**
u hoopte	**u betaalde**
hij hoopte	**hij betaalde**
wij hoopten	**wij betaalden**
jullie hoopten	**jullie betaalden**
u hoopte	**u betaalde**
zij hoopten	**zij betaalden**

2 Verbs whose stem ends in **-t** add **-te(n)** according to the rule given above, and verb stems ending in **-d** add **-de(n)**:

infinitive	stem	past tense	
praten (to talk)	**praat**	**praatte** (sing.)	**praatten** (pl.)
redden (to save)	**red**	**redde** (sing.)	**redden** (pl.)

PRONUNCIATION NOTE: Because of the tendency not to pronounce **-n** at the end of words in Dutch, **praten, praatte** and **praatten** look different but sound the same. And note that in the second example the infinitive and the plurals of the present and past tense look and sound identical.

3 Verbs whose infinitives contain **v** and **z**, but whose stems end in **-f** and **-s** have the **f**, **s**, spelling in the past tense, although these are pronounced **v** and **z** respectively:

10

infinitive	stem	past tense	
leven	**leef**	**leefde** (sing.)	**leefden** (pl.)
(to live)		[layv-de*r*]	[layv-de*r*]
verhuizen	**verhuis**	**verhuisde** (sing.)	**verhuisden** (pl.)
(to move house)		[fer-'h**OW**z-de*r*]	[fer-'h**OW**z-de*r*]

4 Separable verbs behave in the same way in the past tense as in the present, i.e. verb and prefix are separate in a main clause and joined in a subclause.

For example:
Hij belde gisteren op.
He rang up yesterday.
Ze zei dat hij gisteren opbelde.
He said that he rang up yesterday.

54 STRONG VERBS: PAST TENSE

The past tense of strong verbs involves a change of vowel in the stem with no ending in the singular and **-en** in the plural:

infinitive	past tense	
zingen	**zong**	**zongen**
schrijven	**schreef**	**schreven**
dragen	**droeg**	**droegen**
hangen	**hing**	**hingen**
slapen	**sliep**	**sliepen**
lezen	**las**	**lazen**

SPELLING NOTE: **f** and **s** in the singular, **v** and **z** in the plural of **schrijven** and **lezen**.

Because the vowel change cannot be predicted, you are advised to turn to the list of strong verbs on pages 230–232 and learn it; so from now on, when a new strong verb is introduced, the past tense and past participle will not be given.

10

Irregular verbs (see week 6, section 34) are also included in the list on pages 230–232. They often show other changes besides the vowel:

infinitive	stem	past tense	
brengen	**breng**	**bracht**	**brachten**
doen	**doe**	**deed**	**deden**
kopen	**koop**	**kocht**	**kochten**

The past tense of modal verbs is also included in the list on pages 230–232.

55 HEBBEN AND ZIJN: PAST TENSE

The past tenses of **hebben** and **zijn** are shown below and must be learnt.

hebben	**zijn**
ik had	**ik was**
jij had	**jij was**
u had	**u was**
hij had	**hij was**
wij hadden	**wij waren**
jullie hadden	**jullie waren**
u had	**u was**
zij hadden	**zij waren**

56 USE OF THE PAST TENSE

The past tense is not used as frequently in Dutch as in English because an English past tense is usually rendered by the perfect in Dutch (see section 30).

The past tense is used in Dutch when narrating a series of events.

10

For example:

Ik ging de stad in, kocht een cd, ging op een terrasje zitten, en daarna liep ik naar huis.
I went into town, bought a CD, went and sat on a café-terrace, and afterwards I walked home.

The past tense in Dutch is always used after the subordinating conjunction **toen**. For example:

Toen ik in Amsterdam woonde, ging ik vaak naar het theater.
When I lived in Amsterdam, I often went to the theatre.

hebben and **zijn** are used more frequently in the past tense than in the perfect, although the perfect is not wrong in most cases.

For example:
Ik was in de stad.
I was in town.
Ik ben in de stad geweest.
I was in town.

The past tense must be used if **hebben** and **zijn** indicate a permanent state:

Hij is voor zijn examen geslaagd, maar hij was ook altijd knapper dan ik.
He passed his exam, but he always was cleverer than me.

10

VOCABULARY

aanbieden (strong)	offer
aannemen (strong)	accept
de betrekking	post, job
breed	wide, broad
de cd	CD
de chef	boss
de ervaring	experience
de firma	firm, company
gaan zitten	sit down
veel gemeen hebben met iemand	have a lot in common with someone
de groothandel	wholesale business
de handelsreiziger	commercial traveller
hè	isn't it, wasn't it etc.
huidig	present (adj.)
de kantoorbediende	clerk
knap	clever; good-looking
de kruide'nier	grocer
het luxeartikel	luxury item
de manager	manager
neerzetten	put down
opgeven (strong)	give up
goed met iemand opschieten	get on with someone well
het personeel	personnel, staff
sollici'teren	apply
toen	then, at that time
veranderen van	change
de verkoopleider	sales manager
in verwachting	expecting a baby
wegrijden	drive off
de werkzaamheid	occupation
de winkelbediende	shop-assistant
zwanger	pregnant

10

Exercise 50

Give the past tense, singular and plural, of the following weak verbs:

hopen, groeien, bouwen, maken, leven, praten, verhuizen, zetten, blaffen, branden

Exercise 51

Give the past tense, singular and plural, of the following strong and irregular verbs:

schrijven, gaan, brengen, lezen, lopen, vragen, staan, nemen, kopen, hangen

Exercise 52

Translate the following sentences into English:

1 Wij betaalden en gingen weg.
2 Gisteren was het mooi weer.
3 Ze zaten de hele avond te praten.
4 Jullie hadden drie katjes, dacht ik.
5 Het waren onze buren toen we in Utrecht woonden.
6 Hij had een grote tuin voordat hij verhuisde.
7 Was u tevreden toen u daar werkte?
8 We gingen mee, stapten in de auto, en reden toen weg.
9 Ze praatte heel vriendelijk tegen me toen ze opbelde.
10 De jongen redde de hond en nam hem mee naar huis.

10

Exercise 53

Translate the following sentences into Dutch. Use the past tense even though the perfect is acceptable in some cases, as in sentence 4:

1 It was a nice party, wasn't it?
2 You (plural) had a very old car.
3 I knocked at the door, opened it and went in.
4 We were in town yesterday.
5 Didn't you (singular) have a new bicycle?
6 When he saw us, he laughed.
7 They built a house and went to live there.
8 I carried the case, put it down, and sat down on it.
9 At that time, she only spoke English.
10 When I offered him the job, he accepted it.

Drills

1 Substitution drill

Wij waren gisteren thuis.	**ik**
Ik was gisteren thuis.	**hij**
Hij was gisteren thuis.	**jullie**
Jullie waren gisteren thuis.	**jij**
Jij was gisteren thuis.	**zij** (plural)
Zij **waren** gisteren thuis.	**bleven**
Zij bleven gisteren thuis.	**ik**
Ik bleef gisteren thuis.	**wij**
Wij bleven gisteren thuis.	**u**
U bleef gisteren thuis.	

10

2 Stimulus-response drill to practise **er** (there)

S Hij lag toen in bed.
R Hij ligt er nog.

S Hij zat toen in de keuken.
R Hij zit er nog.

S Hij was toen thuis.
R Hij is er nog.

S Hij stond toen op de hoek.
R Hii staat er nog.

S Hij liep toen op straat.
R Hij loopt er nog.

S Hij sliep toen in de tuin.
R Hij slaapt er nog.

S Hij bleef toen in de stad.
R Hij blijft er nog.

10

Sollicitatiegesprek

MENEERTIMMERS **Komt u binnen, meneer Smit. Gaat u zitten. U heeft dus naar de betrekking van verkoopleider gesolliciteerd.**

MENEER SMIT **Ja, dat klopt.**

MENEERTIMMERS **Ik lees uit uw brief dat u niet veel ervaring op dit gebied hebt.**

MENEER SMIT **Niet als manager, nee. Maar ik heb wel een brede ervaring in allerlei banen.**

MENEERTIMMERS **Vertelt u ons eens wat van uw vroegere werkzaamheden.**

MENEER SMIT **Toen ik van school ging, werkte ik als winkelbediende bij een kruidenier. Daarna had ik een baan als kantoorbediende bij een firma in de groothandel, en de laatste jaren heb ik als handelsreiziger in luxeartikelen gewerkt. Dat doe ik nog steeds.**

MENEERTIMMERS **Waarom wilt u van baan veranderen?**

MENEER SMIT **Omdat ik nu getrouwd ben. Mijn vrouw vond het niet erg in het begin, maar ze is nu in verwachting.**

MENEERTIMMERS **Ja, ja. Dat kan ik heel goed begrijpen. Mijn vrouw was ook zwanger toen ik ook zo'n baan opgaf. Uw huidige chef heeft een erg aardige brief over u geschreven.**

MENEER SMIT **O ja? We kunnen heel goed met elkaar opschieten.**

MENEERTIMMERS **Dat is natuurlijk belangrijk voor een manager. U zult inderdaad veel met uw personeel gemeen hebben. Dat is een groot voordeel. Ik bied u de baan aan.**

MENEER SMIT **En ik neem hem met plezier aan.**

10

Interview

MR TIMMERS	Come in, Mr Smit. Sit down. So you have applied for the post of sales manager.
MR SMIT	Yes, that is right.
MR TIMMERS	I see from your letter that you haven't much experience in this field.
MR SMIT	Not as a manager, no. But I do have wide experience of all kinds of jobs.
MR TIMMERS	Tell us something about your previous occupations.
MR SMIT	When I left school, I worked as a shop-assistant in a grocer's. Afterwards I had a job as a clerk with a firm in the wholesale business, and in recent years, I have worked as a commercial traveller in luxury goods. That's what I'm still doing.
MR TIMMERS	Why do you want to change jobs?
MR SMIT	Because I'm married now. My wife didn't mind at first, but now she's expecting a baby.
MR TIMMERS	Quite. I quite understand. My wife was also pregnant when I gave up a similar job. Your present boss has written a very nice letter about you.
MR SMIT	Has he? We get on very well together.
MR TIMMERS	That's important for a manager, of course. You will indeed have a lot in common with your staff. That's a great advantage. I'm offering you the job.
MR SMIT	And I accept it with great pleasure.

10

Week 11

- the past perfect and conditional tenses
- cardinal and ordinal numbers
- dates, days of the week, months
- money
- weights and measures
- 'er' as an adverb of place ('there'), as a pronoun, etc
- relative clauses
- expressing purpose or function via 'om + te + infinitive'

57 PAST PERFECT TENSE ('I HAD DONE')

The past perfect tense uses the past tense of **hebben** or **zijn** + past participle, as in:

Ik had al eerder in Amsterdam gewoond.
I had lived in Amsterdam before.
Zij was met de trein gegaan.
She had gone by train.

The use of this tense corresponds to its use in English.

58 CONDITIONAL TENSE ('I WOULD DO')

This tense is like English 'would' + infinitive. It consists of the past tense of **zullen** + infinitive.

past tense
zullen

ik zou	**wij zouden**
jij zou	**jullie zouden**
u zou	**u zou**
hij zou	**zij zouden**

Hij zou het vervelend vinden.
He would find it boring.
Als jullie mee konden rijden, zouden jullie naar het feest gaan.
If you could have a lift, you would go to the party.

11

An important use of **zou** in Dutch is in polite requests. It is used where the English would say 'please?'

Zou ik meneer Timmers kunnen spreken?
Could I speak to Mr Timmers, please?
Zou je dat voor me kunnen doen?
Could you do that for me, please?
Zou ik uw pen mogen lenen?
Please may I borrow your pen?
Zou je dat voor me willen doen?
Would you do that for me, please?

A polite but less formal way of asking for something is to use the past tense of **willen** (i.e. **wou**) followed by **graag**, instead of **zou + willen**:

Ik wou graag een kilo aardappelen.
I would like a kilo of potatoes.
Ik wou graag weten …
I would like to know …

You will find these forms invaluable. Learn to adapt them to any situation in which you may find yourself.

59 NUMBERS

1 Cardinal numbers (one, two, etc)

1	**een**	20	**twintig**
2	**twee**	21	**eenentwintig**
3	**drie**	22	**tweeëntwintig**
4	**vier**	30	**dertig**
5	**vijf**	40	**veertig**
6	**zes**	50	**vijftig**
7	**zeven**	60	**zestig**
8	**acht**	70	**zeventig**
9	**negen**	80	**tachtig**
10	**tien**	90	**negentig**
11	**elf**	100	**honderd**
12	**twaalf**	101	**honderd een**

13	**dertien**	121	**honderd eenentwintig**
14	**veertien**	200	**tweehonderd**
15	**vijftien**	222	**tweehonderd tweeëntwintig**
16	**zestien**	1000	**duizend**
17	**zeventien**	2222	**tweeduizend tweehonderd**
18	**achttien**		**tweeëntwintig**
19	**negentien**	1,000,000	**miljoen**

By following the pattern shown for 20, 21, 22, the student will be able to form any number between 20 and 99. The smaller number precedes the unit of ten and the two are linked by **en** (**ën** when the number ends in **-e**). This is always written as one word. Note from 222 that the hundreds and tens are written separately, and from 2222 that the thousands, hundreds and tens are written separately.

2 Ordinal numbers (first, second, etc)

1st	**eerste**	15th	**vijftiende**
2nd	**tweede**	16th	**zestiende**
3rd	**derde**	17th	**zeventiende**
4th	**vierde**	18th	**achttiende**
5th	**vijfde**	19th	**negentiende**
6th	**zesde**	20th	**twintigste**
7th	**zevende**	21st	**eenentwintigste**
8th	**achtste**	30th	**dertigste**
9th	**negende**	100th	**honderdste**
10th	**tiende**	101st	**honderdeerste**
11th	**elfde**	121st	**honderdeenentwintigste**
12th	**twaalfde**	1000th	**duizendste**
13th	**dertiende**	2222nd	**tweeduizendtweehonderdtweeëntwintigste**
14th	**veertiende**		
		1,000,000th	**miljoenste**

Note that all ordinal numbers are written as one word.

To ask the date **(de datum)** in Dutch, say:

De hoeveelste is het vandaag?
What is the date today?

If the month is given, the cardinal number is used.
For example:

Het is drie september.
It is the third of September.

If the month is not given, the ordinal number is used.
For example:

Het is de derde. It is the third.

A date **(het jaartal)**, such as 1983, is spoken as
negentien drieëntachtig.

The days of the week are:

maandag
dinsdag
woensdag
donderdag
vrijdag
zaterdag
zondag

The months are:

januari
februari
maart
april
mei
juni
juli
augustus

september
oktober
november
december

Note that they are not written with a capital letter.

61 MONEY

The main unit of currency in Holland is the euro, written
€. It is divided into 100 cents **(centen)**. **Euros** and
centen are both used in the singular when quoting
amounts.

€0.05	**vijf cent**
€ 0.10	**tien cent**
€0.25	**vijfentwintig cent**
€1.00	**een euro**
€2.00	**twee euro**
€2.50	**twee euro vijftig**
€10.00	**tien euro**

62 WEIGHTS AND MEASURES

These are metric and will probably be familiar to you.
Look out for any differences in spelling:

het gram	=	1 gram	
het ons	=	100 gram	
het pond	=	500 gram	= **een half kilo**
het kilo	=	1000 gram	

The units are always used in the singular when quoting
amounts.

For example:
250 gram = twee en een half ons = een half pond

de centimeter = centimetre

de meter = metre
de kilometer = kilometre

These are also always used in the singular after a number.

VOCABULARY

anderhalf	one and a half
bedenken	think of
het bevalt me	it pleases me, I like it
de biefstuk	rump steak
de boter	butter
een briefje van €10	a ten euro note
een dagje uit	a day trip, a day out
de datum	date
Duitsland	Germany
Frankrijk	France
het gehakt	mince, minced meat
het jaartal	date (= year)
de kaas	cheese
de keer	time
naar zijn zin	to one's liking
ik had het naar mijn zin	it was to my liking
nog iets	something else
de schoonmoeder	mother-in-law
de slager	butcher
Spaans	Spanish
Spanje	Spain
de Spanjaard	Spaniard
terugkrijgen (strong)	get back, be given as change
thee/koffie zetten	make tea/coffee
vaak	often
met vakantie gaan	go on holiday
met vakantie zijn	be on holiday
van ... vandaan	from (when giving distance)
vergelijken met	compare with
wisselen	change

11

Exercise 54

Translate the following sentences into English:

1 Ik was te vroeg aangekomen.
2 De trein was op tijd vertrokken.
3 Had je de wijn al besteld?
4 Wij hadden tien kilometer gereden.
5 De slager had mij drie ons gehakt gegeven.
6 Ik was in juni bij mijn schoonmoeder op bezoek geweest.
7 Ze zei dat ze twaalf euro vijftig had betaald.
8 Zij waren in september naar Duitsland met vakantie gegaan.

Exercise 55

Translate the following sentences into English:

1 Zou ik uw paraplu mogen lenen?
2 Jullie zouden in augustus met vakantie kunnen gaan.
3 Zou je de deur dicht kunnen doen?
4 Als wij genoeg geld hadden, zouden wij naar de film gaan.
5 Ik wou graag anderhalf pond kaas.
6 Zou dat meer dan tien euro's kosten?
7 Zou je thee willen zetten?
8 Zou ik de secretaresse kunnen spreken?

11

Exercise 56

Translate the following sentences into Dutch:

1 He had seen that film already.
2 They had given her a present.
3 Had you (formal) applied for many jobs?
4 Please may I borrow your (singular) bicycle?
5 Their house is five kilometres from the station.
6 I would like half a kilo of butter, please.
7 He said he had been in England.
8 Could you (singular) give me that pen, please?
9 She said it would cost twenty-two euros.
10 If they had a car, they would come along.

11

Drills

1 Stimulus-response drill

S Het is vandaag drie september.
R Ja, het is de derde.

S Het is vandaag negen mei.
R Ja, het is de negende.

S Het is vandaag eenentwintig maart.
R Ja, het is de eenentwintigste.

S Het is vandaag elf januari.
R Ja, het is de elfde.

S Het is vandaag drieëntwintig oktober.
R Ja, het is de drieëntwintigste.

S Het is vandaag veertien februari.
R Ja, het is de veertiende.

S Het is vandaag vier juni.
R Ja, het is de vierde.

2 Stimulus-response drill

S Twee boeken?
R Nee, drie boeken.

S Zes pennen?
R Nee, zeven pennen.

S Negentien bomen?
R Nee, twintig bomen.

S Elf kranten?
R Nee, twaalf kranten.

S Vijftigmensen?
R Nee, eenenvijftig mensen.

S Dertien broodjes?
R Nee, veertien broodjes.

S Acht auto's?
R Nee, negen auto's.

11

Frankrijk? Spanje? Of Zandvoort?

MEVR ZWART   Goede morgen, meneer de Wit. Hoe gaat het met u? Leuke vakantie gehad?

MENEER DE WIT   Nou, ik vind Spanje niks bijzonders. Behalve dan het weer. Maar we waren al vaak naar Frankrijk gegaan.

MEVR ZWART   Ik wou graag ....

MENEER DE WIT   Zegt u het maar, mevrouw. ... En dat Spaanse eten is niks vergeleken met het Franse.

MEVR ZWART   Ik zou graag een pond gehakt willen hebben.

MENEER DE WIT   Vijfhonderd gram gehakt. Geef mij maar een lekkere biefstuk zoals we in Frankrijk hebben gehad. Was er nog iets?

MEVR ZWART   Nee. Dat was het dus. Ik dacht dat u het daar niet naar uw zin had gehad.

MENEER DE WIT   Ja, dat hadden wij toen ook gedacht, maar ik zou nu nooit naar Spanje teruggaan. Zes euro vijftig.

MEVR ZWART   Ik heb alleen maar een briefie van twintig euro. Alstublieft.

MENEER DE WIT   Dank u wel. Ik kan het makkelijk wisselen. Dat is dus dertien euro vijftig terug. Bent u al met vakantie geweest?

MEVR ZWART   Ik zou het graag willen. Misschien een dagje uit naar het strand. Dat zou de kinderen heel goed bevallen, meneer de Wit. Waarom had ik dat niet eerder bedacht? Ik zal ze mee in de trein naar Zandvoort nemen. Dank u wel! Dag!

11

France? Spain? Or Zandvoort?

MRS ZWART Good morning, Mr de Wit. How are you? Did you have a nice holiday?

MR DE WIT Well, I don't think Spain's up to much. Except for the weather. But we'd already been to France so many times.

MRS ZWART Could I have ....

MR DE WIT What can I do for you? ... And Spanish food is nothing compared to French food.

MRS ZWART Could I possibly have a pound of mince?

MR DE WIT Five hundred grammes of mince. Give me a tasty steak like we had in France any day. Was there anything else?

MRS ZWART No. That's all. I thought you hadn't liked it there.

MR DE WIT Yes, that's what we'd thought at the time, too, but I'd never go back to Spain. Six euros fifty cents.

MRS ZWART I've only got a twenty-euro note. Here you are.

MR DE WIT Thank you. I can easily change it. That's thirteen euros fifty cents change. Have you already been on holiday?

MRS ZWART I would really like to. Perhaps a day trip to the beach. That would really please the children, Mr de Wit. Why hadn't I thought of that before? I shall take them with me in the train to Zandvoort. Thank you very much. Bye-bye.

11

You have already encountered this word in two of its functions, when it means either 'it' or 'there'. However, it is important to remember that in fact, **er** has four separate functions.

1 As an adverb of place meaning 'there':

Ze heeft er vier jaar gewoond.
She lived there for four years.

Note that **er** can precede an adverbial expression of time. **Er** only occurs in unstressed positions. In stressed positions, such as at the beginning of a sentence, **er** is replaced by **daar**:

Daar heeft ze vier jaar gewoond.
She lived there for four years.

2 **Er** is also used as a pronoun. The pronouns **het, hem** and **ze** referring to things cannot be used after prepositions in Dutch, and the construction **er** + preposition is employed instead. It can either be written as one word:

De kinderen spelen vaak ermee.
The children often play with it.
Ik heb een half uur erop gewacht.
I've waited for it for half an hour.

or be separated by other items such as adverbial expressions:

De kinderen spelen er vaak mee.
Ik heb er een half uur op gewacht.

In this function, **er** can be replaced by **daar** which is translated by 'that':

11

De kinderen spelen daar vaak mee.
The children often play with that.

It can also be replaced by **hier**, which is translated by 'this':

De kinderen spelen hier vaak mee.
The children often play with this.

Er is replaced by **waar** when asking a question:

Waar spelen de kindteren mee?
What are the children playing with?

3 Er is also used when talking about a quantity or amount of something and is translated by 'of it' and 'of them':

Hoeveel kaarten heb je? Ik heb er vier.
How many tickets have you got? I've got four (of them).
Ik heb er genoeg gehad.
I've had enough (of it/them).

Note that er must be present in Dutch, although 'of it/them' is usually omitted in English.

4 Er can also be the equivalent of the English 'there' in sentences with an indefinite subject ('there are', 'there is'):

Er staat een man op de hoek.
There is a man standing on the corner.
Vanmorgen was er geen melk in de koelkast.
There was no milk in the fridge this morning.

In a question, **er** and the verb are inverted:

Is er geen melk in de koelkast?
Is there no milk in the fridge?

11

Relative clauses are introduced by relative pronouns and have the same word order as subclauses (see section 50). A relative clause supplies information about a preceding noun.

1 In Dutch, the demonstratives **die** and **dat** also function as relative pronouns.

die is used to refer back to all people, singular common nouns and all plurals:

Kent u de man die daar op de hoek staat?
Do you know the man who is standing there on the corner?
Hier is de jurk die ik gisteren gekocht heb.
Here is the dress (which) I bought yesterday.
Hoe vind je de tekeningen die ik zelf heb gemaakt?
What do you think of the drawings (which) I did myself?

dat is used to refer to singular neuter nouns:

Het boek dat ik pas gelezen heb, is uitstekend.
The book (which) I have just read is excellent.
Hier is het huis dat zij kopen wil.
Here is the house (that) she wants to buy.

Note that the relative pronoun must be present in Dutch whereas 'who/which/that' may be left out in English.

2 When the relative clause refers to people and the relative pronoun is preceded by a preposition, **die** is replaced by **wie**.

De jongen aan wie ze het geld gaf, is haar broer.
The boy to whom she gave the money is her brother.
De man van wie dit huis is, heeft tien katten.
The man whose house this is has ten cats.

11

3 When the relative clause refers to things and a preposition is used, it is introduced by **waar** + preposition:

De pen waarmee ik schrijf, is van hem.
The pen I am writing with is his.
De cd's waarnaar jullie luisteren zijn nieuw.
The CDs you are listening to are new.

65 OM + TE + INFINITIVE

This construction has two main functions:

1 To express a purpose:

Wij gaan naar Den Haag om het Parlementsgebouw te zien.
We are going to The Hague to see the parliament building.
Hij heeft een bosje bloemen gekocht om haar op te vrolijken.
He bought a bunch of flowers (in order) to cheer her up.

2 To describe the function of a preceding noun:

Een tas om boeken in te dragen.
A bag for carrying books in.
Dat is geen mes om brood mee te snijden.
That isn't a knife for cutting bread.

Note that **om** introduces the construction, and that the infinitive, immediately preceded by **te**, is always in final position.

There are many other cases – when neither purpose nor a function of a preceding noun is expressed – where this construction is used, but **om** can be left out.

11

For example:

Vergeet niet (om) te komen.
Don't forget to come.
Hij weigerde (om) het te doen.
He refused to do it.
Wij zijn van plan (om) naar een concert te gaan.
We are intending to go to a concert.

VOCABULARY

de afspraak	appointment
de a'genda	diary
de bank	bank; settee
de bloem	flower
het con'cert	concert
dank u	thank you

Warning! This is often used when refusing something, so it can be equivalent to 'No, thank you'.

de direc'teur	director, headmaster, manager
he'laas	unfortunately
jee	oh dear
lo'geren	stay
de melk	milk
het mes	knife
het ontbijt	breakfast
opvrolijken	cheer up
het pa'pier	paper
het postkantoor	post office
de postzegel	stamp
de re'actie (op)	reaction (to)
het schepje	spoonful
scherp	sharp
snijden (strong)	cut
de suiker	sugar
de tekening	drawing
tweede'hands	second hand
van plan zijn	intend
het volgende	the following
vrij	free
wandelen	walk, go for a walk
weigeren	refuse

11

Exercise 57

Translate the following sentences into English:

1 Ze hebben er jaren gewoond.
2 Er loopt een meisje in de straat.
3 Hij logeert er vaak.
4 Was er genoeg brood voor het ontbijt?
5 Hier is een mes. Kun je daar vlees mee snijden?
6 Hoeveel postzegels wilt u? Ik heb er drie nodig.
7 Vindt u koffie lekker? Nee ik houd er niet van.
8 Nog een schepje suiker? Dank u, ik heb er al twee gehad.
9 Hebben jullie een radio? Ja, maar we luisteren er nooit naar.
10 Waren er veel mensen in het postkantoor? Er waren er een paar.

Exercise 58

Translate the following sentences into English:

1 De jongen die daar staat, is mijn broer.
2 Dat zijn de mensen bij wie hij logeert.
3 Ze weigerde om mee te gaan.
4 Ik ga naar het postkantoor om postzegels te kopen.
5 De tekening die boven de bank hangt, is erg mooi.
6 Hier is het tafeltje dat ik tweedehands gekregen heb.
7 Het is geen park om in te wandelen.
8 Dit zijn de bloemen waar ze het meest van houdt.
9 De messen die op tafel liggen, zijn niet scherp.
10 Zie je die stoel waar de poes op zit? Die is van mijn zus.

11

Exercise 59

Translate the following sentences into Dutch:

1 There is a kitten playing in the garden.
2 Have you (formal) got a stamp? Yes, I've got two.
3 Where is the radio? The children are listening to it.
4 The people she is talking to are very kind.
5 The house they live in is too big.
6 I need a bottle of milk. Haven't you (singular) got any?
7 They sat there all afternoon.
8 Take the cup which is on the table.
9 The neighbours who live in the small house are very friendly.
10 Here is the park in which we like to walk.
11 This is the man to whom I gave the money.
12 He did it in order to get rich.

Drills

1 Substitution drill

Dit is het **boek** dat ik gezocht heb.   **krant**
Dit is de **krant** die ik gezocht heb.   **brieven**
Dit zijn de **brieven** die ik gezocht heb.   **mes**
Dit is het **mes** dat ik gezocht heb   **kopjes**
Dit zijn de **kopjes** die ik gezocht heb.   **pen**
Dit is de **pen** die ik gezocht heb.   **tekeningen**
Dit zijn de **tekeningen** die ik
  gezocht heb.   **geld**
Dit is het **geld** dat ik gezocht heb.   **papieren**
Dit zijn de **papieren** die ik gezocht heb.   **tas**
Dit is de **tas** die ik gezocht heb.

2 Stimulus-response drill

S Staat de radio op de tafel?
R Ja, hij staat erop.

S Staan de kopjes in de kast?
R Ja, ze staan erin.

S Staat de fiets tegen de boom?
R Ja, hij staat ertegen.

S Staat de auto voor het huis?
R Ja, hij staat ervoor.

S Ligt het boek onder de bank?
R Ja, het ligt eronder.

S Ligt de tuin achter het huis?
R Ja, hij ligt erachter.

S Staat de koelkast naast het raam?
R Ja, hij staat ernaast.

11

Een onwelkome afspraak

MEVR WILLEMS	**Met mevrouw Willems.**
MENEER DE HAAN	**Met Peter de Haan. Zou ik meneer de Jong kunnen spreken?**
MEVR WILLEMS	**Met wie spreek ik?**
MENEER DE HAAN	**Ik ben Peter de Haan. Meneer de Jong had beloofd om mij op te bellen, maar ik heb nog niets van hem gehoord.**
MEVR WILLEMS	**Bent u de meneer die die tweedehands auto wil kopen?**
MENEER DE HAAN	**Helaas niet, mevrouw. Ik ben de directeur van de bank. Ik heb uw chef een paar brieven geschreven, maar ik heb er geen reactie op gekregen.**
MEVR WILLEMS	**Het spijt mij, maar meneer de Jong is er vandaag niet. Ik ben zijn secretaresse. Kan ik u helpen? Ik weet wel dat hij van plan was om u schrijven, maar vandaag heeft hij een afspraak die erg belangrijk is.**
MENEER DE HAAN	**Is hij morgen middag vrij?**
MEVR WILLEMS	**Eh … Dat weet ik niet zeker.**
MENEER DE HAAN	**U bent zijn secretaresse, toch? Heeft hij geen agenda?**
MEVR WILLEMS	**Jawel, natuurlijk … maar hij schrijft er niet alles in.**
MENEER DE HAAN	**Zou u zo goed willen zijn om het volgende erin te schrijven: morgen, woensdag dus, om drie uur 's middags, afspraak met meneer de Haan bij hem – Firma de Jong, dus. Dank u wel. Dag, mevrouw.**
MEVR WILLEMS	**Dag! O jee!**

11

An unwanted appointment

MRS WILLEMS Mrs Willems speaking.

MR DE HAAN This is Peter de Haan. Could I speak to Mr de Jong, please?

MRS WILLEMS Who is that speaking?

MR DE HAAN I am Peter de Haan. Mr de Jong had promised to give me a ring, but I haven't heard anything from him yet.

MRS WILLEMS Are you the gentleman who wants to buy that second hand car?

MR DE HAAN I'm afraid not. I am the bank manager. I've written your employer a few letters, but I've had no reaction to them.

MRS WILLEMS I'm sorry, but Mr de Jong isn't in today. I'm his secretary. Can I help you? I do know that he was intending to write to you, but he has an appointment today which is very important.

MR DE HAAN Is he free tomorrow afternoon?

MRS WILLEMS Er ... I'm not sure.

MR DE HAAN But you are his secretary, aren't you? Doesn't he have a diary?

MRS WILLEMS Yes, of course ... but he doesn't write everything down in it.

MR DE HAAN Would you be so kind as to write the following down in it: tomorrow – Wednesday, that is, at three o'clock in the afternoon at his office – at de Jong's, that is. Thank you. Goodbye.

MRS WILLEMS Goodbye. Oh dear!

11

Week 12

As well as revision exercises, you'll find:
- the passive of verbs
- the present participle
- expressions of time

66 THE PASSIVE

So far, you have only encountered active sentences such as:

Hij legt het bord op de tafel.
He puts the plate on the table.

Active sentences are related to passive sentences in the following way: the object of the active sentence **(het bord)** is the subject of the passive sentence.

For example:
Het bord wordt door hem op de tafel gelegd.
The plate is put on the table by him.

1 The present tense of the passive verb is formed using the present tense of the auxiliary **worden** + past participle. Here it is in full using **uitnodigen** (to invite) as an example:

ik word uitgenodigd	**wij worden uitgenodigd**
jij wordt uitgenodigd	**jullie worden uitgenodigd**
u wordt uitgenodigd	**u wordt uitgenodigd**
hij wordt uitgenodigd	**zij worden uitgenodigd**

In a passive sentence the auxiliary verb agrees with the subject and the past participle is in final position. The word **door** is equivalent to the English 'by'. Thus:

Wij worden door de buren op een dineetje uitgenodigd.
We are invited to dinner by the neighbours.

2 The passive of the simple past is formed using the past tense of **worden** + past participle. The past tense of

worden, which is a strong verb, is **werd** in the singular and **werden** in the plural. For example:

Wij werden door de buren op een feest uitgenodigd.
We were invited to a party by the neighbours.
Het jongetje werd door zijn moeder gewassen.
The little boy was washed by his mother.

3 In the passive of the perfect tenses, a different auxiliary verb is used: **zijn**. The present tense of this auxiliary is used to form the present perfect.
For example:

Wij zijn door de buren op een diner uitgenodigd.
We have been invited to dinner by the neighbours.
Het jongetje is door zijn moeder gewassen.
The little boy has been washed by his mother.

The past tense of **zijn** is used to form the past perfect:

Wij waren door de buren op een diner uitgenodigd.
We had been invited to dinner by the neighbours.
Het jongetje was door zijn moeder gewassen.
The little boy had been washed by his mother.

4 Dutch also has an impersonal passive construction introduced by **er** with no subject present. It has no grammatical equivalent in English. It conveys that the action denoted by the verb is being carried out by no particular person.

Er wordt hier hard gewerkt.
Hard work is done here.
Er werd veel gelachen.
There was a lot of laughing.

12

Er can also introduce a passive sentence with an indefinite subject. This is a similar construction to the one discussed in week 11, section 63.

Er worden tweedehands meubels op de markt verkocht.
Second-hand furniture is sold in the market.
Er werd die avond geen bier gedronken.
No beer was drunk that evening.

67 THE PRESENT PARTICIPLE ('GOING', 'DOING')

You have already encountered many English constructions with '-ing' which are rendered in various ways, as for instance in section 52. The present participle in Dutch is equivalent to the English verb form with '-ing', although it is not used as frequently. It is formed by adding -**d(e)** to the infinitive:

lopend	walking
gaande	going
huilend	crying
zijnde	being

It is commonly used as an adjective when **-e** is added according to the rules given for adjectives (see week 7, section 35).

volgend jaar	next year
volgende week	next week
de lopende band	conveyor belt
werkende vrouwen	working women

It is also used as an adverb of manner when the **-e** ending is optional.

Hij kwam ons lachend tegemoet.
He came towards us laughing.
Al doende leert men.
Practice makes perfect.

12

68 TELLING THE TIME

Hoe laat is het?	What time is it?
Het is vijf uur.	It is five o'clock.
Het is kwart over vijf.	It is quarter past five.
Het is kwart voor zes.	It is quarter to six.
Het is half zes.	It is half past five.

Note that when giving the half hour, Dutch looks forward to six whereas English looks back to five.

In Dutch, the clock is divided up into quarters and time is measured up to the quarter hour:

1st quarter

Het is vijf over negen.	It is five past nine.
Het is tien over negen.	It is ten past nine.

2nd quarter

Het is tien voor half tien.	It is twenty past nine.
Het is vijf voor half tien.	It is twenty-five past nine.

3rd quarter

Het is vijf over half tien.	It is twenty-five to ten.
Het is tien over half tien.	It is twenty to ten.

4th quarter

Het is tien voor tien.	It is ten to ten.
Het is vijf voor tien.	It is five to ten.

NOTE: The 24-hour clock is used for official times, such as those given in railway timetables.

de minuut and **de seconde** are used in the plural after numbers. For example:

Ik heb tien minuten gewacht.
I waited for ten minutes.

But **het uur** (hour) and **het kwartier** (quarter of an hour) are used in the singular after numbers.

12

For example:

We hebben vier uur in de trein gezeten.
We were in the train for four hours.
Hij heeft drie kwartier in de rij gestaan.
He queued for three-quarters of an hour.

Note that expressions of time in Dutch are never preceded by an equivalent of English 'for'.

VOCABULARY

aanzetten	switch on
afslaan	cut out (engine)
de a'gent	policeman
bellen	ring (the doorbell)
de benzine	petrol
het benzinestation	petrol station
door	through; by
hoe komt het dat ...?	how is it that ...? how come ...?
juist	correct, right, exact
klaarmaken	get ready, prepare
de kroeg	pub
aan de linkerkant	on the left-hand side
links	on the left
links'af	to the left
merken	notice
het meubel	piece of furniture
de motor	engine; motor bike
om	at (a particular time); round
om een uur of tien	at about ten o'clock
op'zettelijk	on purpose
pas	not until
de po'litie	police
de politieauto	police car
aan de rechterkant	on the right-hand side
rechts	on the right
rechtsaf	to the right
de repa'ratie	repair
de richting	direction

12

ruzie hebben	have a row
slaande ruzie hebben	have a blazing row
schat	darling
het stuur	steering-wheel
tanken	fill up (with petrol)
het tankstation	filling station
tege'moetkomen	come to meet, come towards
de terugweg	way back
het uitmaken	break it off (a relationship)
uitzetten	switch off
het verkeer	traffic

Exercise 60

Write out the following times in full in Dutch:

1 o'clock, 10.25, 9.15, 2.30, 4.35, 11.45, 3.55, 6.10, 8.40, 5.05

12

Exercise 61

Translate the following sentences into English:

1 De auto wordt gewassen.
2 Het bord werd gebroken.
3 De tv is aangezet.
4 De radio was uitgezet.
5 De kinderen worden om zeven uur door hun moeder naar bed gebracht.
6 Het ontbijt werd door vader klaargemaakt.
7 Er zijn twee kleine katjes in de tuin gevonden.
8 We worden door de buren op een diner gevraagd.
9 Werd je vaak naar het museum meegenomen?
10 Er werd de hele avond naar cd's geluisterd.
11 Door wie is het huis gekocht?
12 Er wordt gebeld.
13 Het huilende meisje werd door de agent naar huis gebracht.
14 De hond rende blaffend door het park.

Exercise 62

Translate the following sentences into Dutch:

1 The evening meal is being prepared.
2 My pen was borrowed by the teacher.
3 The kitten has been saved by the policeman.
4 The bill had been paid by my sister.
5 The play is well acted.
6 Tea was made.
7 The tickets have all been sold.
8 A lot of money had been spent.
9 Has the dress been washed before?
10 The sleeping dog has been lying on the carpet for hours.

12

Drills

1 Stimulus-response drill

S Begint de film om vier uur?
R Nee, die begint om vijf over vier.

S Begint de film om tien over acht?
R Nee, die begint om kwart over acht.

S Begint de film om vijf voor half zeven?
R Nee, die begint om half zeven.

S Begint de film om vijf over half drie?
R Nee, die begint om tien over half drie.

S Begint de film om kwart voor zes?
R Nee, die begint om tien voor zes.

S Begint de film om half tien?
R Nee, die begint om vijf over half tien.

S Begint de film om vijf voor acht?
R Nee, die begint om acht uur.

2 Stimulus-response drill

S Wordt de brief geschreven?
R Hij is al geschreven.

S Worden de ramen gewassen?
R Ze zijn al gewassen.

S Worden jullie uitgenodigd?
R We zijn al uitgenodigd.

S Word jij betaald?
R Ik ben al betaald.

S Worden de muren geschilderd?
R Ze zijn al geschilderd.

S Wordt de lunch klaargemaakt?
R Hij is al klaargemaakt.

S Wordt het huis verkocht?
R Het is al verkocht.

12

CONVERSATION

Rij jij of rij ik?

HUIB Hoe komt het dat wij uitgenodigd zijn en Peter niet? Heeft Claudia het uitgemaakt?

MARJAN Huib! Hebben we geen benzine nodig? Je zei toch dat we moesten tanken.

HUIB Ja, maar het is nog tien minuten rijden, en dan zijn we er.

MARJAN Vergeet niet dat we ook terug moeten gaan. Hier aan de linkerkant is een tankstation. Stoppen!

HUIB Ik kan niet zo maar linksaf gaan. Er kwam verkeer uit de andere richting. En we worden door een politieauto gevolgd.

MARJAN Jij zit achter het stuur, schat. Jij moet het weten. Maar luister eens, als je nu niet tankt, dan rij ik niet op de terugweg.

HUIB Maar dan kan ik niets drinken.

MARJAN Juist. Hoe laat gaan de benzinestations dicht?

HUIB Om een uur of elf. Wij zullen pas om een uur of twaalf weggaan. Kijk! Daar heb je een garage!

MARJAN Er wordt geen benzine verkocht. Het is alleen maar voor reparaties. Wist je niet dat Peter en Claudia al wekenlang ruzie hebben? Slaande ruzie.

HUIB Ik had wel iets gemerkt. Waarom?

MARJAN Ze wordt door hem veel te veel alleen gelaten. Hij gaat veel met zijn vriendjes naar de kroeg. Hé! Waarom stop je nou hier?

HUIB Ik stop niet opzettelijk. Eh ... de motor slaat af. Ik denk .... Hé! Marjan! Waar ga je naartoe, schat?

12

Who's driving? You or me?

HUIB   How come we have been invited and not Peter? Has Claudia broken it off?

MARJAN   Huib! Don't we need some petrol? Didn't you say we had to fill up?

HUIB   Yes, but it's another ten minutes' driving, and then we're there.

MARJAN   Don't forget that we've got to go back as well. Here's a filling station on the left. Stop!

HUIB   I can't just turn off to the left like that. There was traffic coming from the other direction. And we're being followed by a police car.

MARJAN   You're behind the wheel, darling. You know best. But listen here, if you don't fill up now, then I won't drive on the way back.

HUIB   But then I won't be able to drink anything.

MARJAN   Quite. What time do the petrol stations close?

HUIB   At about eleven o'clock. We won't be leaving until about twelve. Look! There's a garage!

MARJAN   They don't sell petrol. It's only for repairs. Didn't you know that Peter and Claudia have been quarrelling for weeks? Like cats and dogs.

HUIB   I had noticed. Why?

MARJAN   She's left on her own by him far too much. He goes to the pub a lot with his mates. Hey! Whatever are you stopping here for?

HUIB   I'm not stopping on purpose. Er … the engine's cutting out. I think …. Hey! Marjan! Where are you going, darling?

12

Revision exercises 4

Exercise 1

Join the two sentences using a conjunction from the list, changing the word order where necessary.

Wanneer, omdat, nadat, als, totdat, toen.

1 Ik doe het. … Ik vind het belangrijk.
2 … We hebben gewinkeld. We gaan lunchen.
3 Ik blijf hier. …. Je voelt je beter.
4 … Hij was jong. Hij woonde in Utrecht.
5 … Je vindt dat leuk. Ik zal je meenemen naar het theater.
6 … Het is mooi weer. We gaan in de tuin zitten.

Exercise 2

Put into indirect speech:

For example:
Anneke zegt: 'Ik houd van appeltaart.'→ Anneke zegt dat ze van appeltaart houdt.

1 Piet zegt: 'Ik verdien niet genoeg.'
2 Mijn ouders zeggen: 'Je moet hard werken.'
3 De leraar vraagt: 'Heeft Jan hard gewerkt?'
4 Mijn broer zegt: 'Ik ga een nieuwe auto kopen.'
5 De buren zeggen: 'Die hond blaft te veel.'
6 De kinderen vragen: 'Gaat de poes mee op vakantie?'

12

Exercise 3

Put the infinitive into the simple past tense.

We (gaan) naar het theater om het nieuwe toneelstuk te zien. Ik (vinden) het goed geacteerd, maar mijn vriendin (vinden) het saai. Zij (willen) na de pauze al naar huis gaan, maar ik (zeggen) dat ik (willen) blijven. De kaartjes (zijn) duur en ik (hebben) het naar mijn zin. Mijn vriendin (blijven) toch tot het einde en (zijn) erg blij omdat ze een hele bekende acteur (zien) onder het publiek.

Exercise 4

Fill in the gaps:

Als ik geld had, … ik een maand met vakantie gaan. Ik zou …. Spanje gaan … mijn Spaans te gebruiken. Het enige probleem is dat ik niemand ken … mee zou kunnen gaan. Ik denk dat ik … erg alleen zou voelen. Er … wel eens gezegd dat je met een goed boek nooit alleen bent, maar ik … het niet. Een maand … wel erg lang. Ik … natuurlijk iemand kunnen zoeken … twee weken vrij … nemen. Dan … ik voor ons allebei kunnen betalen, als ik zelf maar twee weken weg zou blijven.

Helaas … ik geen geld. Misschien moet ik iemand zoeken mij meeneemt!

12

Reading practice

The following passages have been graded not according to vocabulary, but according to the grammatical constructions they contain. The most important new words and phrases are listed after the text in the order in which they occur. It is always advisable to go through the vocabulary before reading the passage.

A after the title of the passage indicates that the passage mainly contains grammar covered in Weeks 1–8. All the sentences are short and simple. Rating: easy.

B after the text indicates that the passage contains grammatical constructions from all of the course. The sentences are short and relatively simple. Rating: moderately difficult.

C after the text indicates that the passage contains grammatical constructions from all the chapters, especially those discussed in Weeks 8–12. The sentences are longer and complex in construction. Rating: difficult.

1 Lang en groen (A) Long and green

Jan-Willem en Roos mogen bij Madelief eten.

Ze staan in de keuken. Ze helpen Madeliefs moeder bij het koken. Jan-Willem en Roos schillen aardappelen. Madelief breekt sperziebonen doormidden. Ze gooit ze daarna in een pan met water.

'Ik weet een raadsel,' zegt Madelief. 'Het is groen, het is lang, het is een plant en je kunt het eten.'

'Een sperzieboon,' zegt Jan-Willem.

Dat is vervelend. Jan-Willem heeft het meteen goed geraden.

'Nee,' jokt Madelief. 'Mis, dat is niet goed.'

Ze probeert gauw iets anders te bedenken dat lang en groen is.

'Doperwten,' zegt Roos.

'Die zijn niet lang.'

'Prei,' zegt Jan-Willem.

'Dat is niet helemaal groen. Dat is wit aan het eind.'

'Tuinbonen,' zegt Roos.

'Nee.'

'Komkommer,' zegt Jan-Willem.

'Nee.'

Ze raden veel te snel. Madelief kan niks bedenken wat lang en groen is. Roos en Jan-Willem weten ook niks meer.

'Zeg het maar,' zegt Roos.

Madelief zegt niks.

'Haha, je weet het zelf niet eens,' schreeuwt Jan-Willem.

'Jawel,' zegt Madelief, 'het is een wortel.'

Jan-Willem en Roos zijn even stil.

'Dat kan niet,' zegt Jan-Willem dan. 'Een wortel is oranje.'

'Maar hij is wél lang en je kunt hem eten,' zegt Roos.

'Dat groen, dat zei ik maar om het moeilijker te maken,' zegt Madelief.

'O,' zegt Jan-Willem.

Hij denkt na. Dan zegt hij: 'Ik heb ook een raadsel. Het is rood, het is dom en het begint met een M.'

Roos en Madelief begrijpen er niets van.

Maar plotseling begint Roos te lachen.

' 't Is Madelief,' grinnikt ze. 'Dat begint met een M.'

'Precies,' zegt Jan-Willem. 'Knap hoor.'

'Rood en dom,' zegt Madelief rood van kwaadheid. 'Jij maakt het té moeilijk.'

Ze smijt de sperziebonen zo hard in het water dat het spat.

(From Guus Kuijer: *Met de poppen gooien* published by Em Querido's Uitgeverij bv, Amsterdam 1975)

VOCABULARY

schillen	peel
de sperzieboon	French bean
doormidden	in half
gooien	throw
het raadsel	riddle
groen	green
raden	guess
jokken	fib
mis	wrong
gauw	quickly

de doperwt	pea
de prei	leek
de tuinboon	runner bean
de komkommer	cucumber
niks = niets	nothing
schreeuwen	shout, yell
de wortel	carrot
hij denkt na	he thinks it over
plotseling	suddenly
grinniken	snigger
de kwaadheid	anger
smijten	fling, throw
spatten	splash

2 De gestranden (A) Stranded!

'Mag ik deze rotsen meenemen pap?'

'Nou, dat wordt een beetje te zwaar Kasper, in de koffer.'

'Maar het zijn echte edelstenen, want dat zei je zelf.'

'Ja Kas, dat weet ik, maar laat ze toch maar hier.'

'Hoe laat gaan we weg pap?'

'Over een half uurtje gaat de bus.'

'Naar Athene?'

'Nee, naar Iraklion. En daar gaan we met het vliegtuig naar Athene.'

'En dan?'

'Dan drinken we op het vliegveld van Athene eerst een lekker flesje limonade en dan gaan we met een ander vliegtuig door naar Amsterdam.'

'Hoe laat zijn we dan thuis?'

'Vanavond om acht uur lig jij weer lekker in je eigen bedje.

'Hoe laat is het nu pap?'

'Het is nu half vijf.'

'Half vijf in de avond?'

'Nee, half vijf in de nacht. Ik zou die zeesterren ook maar hier laten Kas, want die gaan misschien een beetje stinken, onderweg.'

'Mag ik dan wel de schedel van de Minotaurus meenemen?'

'Ja, dat mag. Nee, niet onder je arm. In de koffer. Zullen we je duikbril er ook maar niet in doen?'

'Nee die hou ik op pap, voor wanneer het vliegtuig in zee stort.'

'Ben je gek knul, dat gebeurt tegenwoordig niet meer hoor. Zo, nu kan er niks meer bij. Nou, zullen we dan maar gaan? We moeten nog een heel stuk lopen naar de bushalte.'

'Goed. '

(From Kees van Kooten: *Koot graaft zich autobio* published by de Bezige Bij, Amsterdam 1981)

VOCABULARY

de gestrande	stranded person
de rots	rock
de edelsteen	precious stone
over	in
Athene	Athens
het flesje	(little) bottle
gaan ... door	go on, continue
eigen	own
de zeester	starfish
stinken	stink
onderweg	on the way
de schedel	skull
de Minotaurus	the Minotaur
de duikbril	goggles
hou ... op	keep on, keep wearing
storten	plunge, fall
de knul	fellow, chap, boy
gebeuren	happen
tegenwoordig	nowadays
hoor	often added to the end of a sentence in speech: usually untranslatable
een heel stuk	a long way

3 In Amsterdam (B)

Voor mij in het warenhuis liep een dame. Ze had een prettige
rug en ze was, net als ik, op weg naar de uitgang. Toen ze vlak
bij de deur kwam passeerde zij de paraplu-afdeling, nam in het
voorbijgaan een prachtig nieuw regenscherm met het
prijskaartje en al van de toonbank en marcheerde er
welgemoed mee naar buiten.

'Ach!' riep ik bewonderend.

Het was een misdaad zonder fouten.

'Zei u iets, meneer?' vroeg de verkoopster van de
paraplustand, die nu pas opkeek.

'Nee, dank u,' antwoordde ik en liep ook naar buiten. Ik was
er echt een beetje opgewonden van, want ik heb het nog nooit
van zó dichtbij gezien – stelen. Zoudt u nu geroepen hebben:
'Houd de dief?' of zoiets? Misschien was het mijn burgerplicht
geweest, maar ik bén zo niet. Ik hou me buiten zulke dingen.
Ik denk gewoon: o, daar jat iemand wat,' zoals je denkt: 'o,
daar gaat een vogeltje.' Je hebt ook mensen die dan in het
geweer komen. Dat zijn bemoeiers. Je hebt bemoeiers en
doorlopers en ik ben een doorloper. Daar kun je niets aan doen.

(From Simon Carmiggelt: *Verhaaltjes van vroeger* published by BV
Uitgeverij De Arbeiderspers, Amsterdam 1981)

VOCABULARY

het warenhuis	department store
de dame	lady
prettig	nice, pleasant
de rug	back
de uitgang	exit
vlak bij	close to
passeren	pass by
de afdeling	department
in het voorbijgaan	in passing, here = as she went past
het regenscherm	umbrella
het prijskaartje	price ticket
de toonbank	counter
marcheren	march

welgemoed	cheerful
roepen	call
bewonderen	admire
de misdaad	crime
opkijken	look up
opwinden	excite
stelen	steal
zoudt = zou	would
de dief	thief
de burgerplicht	duty as a citizen
zulk	such
gewoon	just
jatten	pinch
in het geweer komen	be up in arms
de bemoeier	busybody, person who interferes
de doorloper	person who walks past
er iets aan doen	do something about it

4 U of jij: wat moet je nou? (B)
U or jij: which should I use

Het aardige van de u/jij-problematiek is dat iedereen erover mee kan praten. Elke taalgebruiker hapert weleens bij de keuze en weet ook waarom. Het heeft niet zozeer met gebrek aan taalbeheersing te maken, als wel met onzekerheid over de relatie tot de aangesprokene en de situatie van het moment. Ook al heeft de gedistingeerde directeur je gemoedelijk gevraagd hem maar te tutoyeren, het u is je mond uit voor je er erg in hebt.

Een halve eeuw informalisering

De kern van de kwestie is dat je met u en jij/je van alles kunt uitdrukken en vastleggen. U staat voor afstand en respect, zakelijkheid en status, maar ook voor beleefdheid en onderscheid. Jij en je is in de regel informeel en klinkt kameraadschappelijk en vertrouwd. Als u het teken van afstandelijkheid is, dan is jij/je het symbool van solidariteit. U geeft makkelijk een verwijdering van mijlen, je en jij zet de mensen schouder aan schouder. Het sterk toegenomen jijen en jouen is de exponent van een halve eeuw informalisering en maatschappelijke nivellering.

En toch blijven we twijfelen. Dat komt natuurlijk doordat elke situatie en relatie net weer iets anders is. Voelen we afstand en willen we die aangeven? Of toch meer genegenheid, gelijkheid en broederschap?

Sociale kloof

De meeste Nederlanders tussen de dertig en zestig worden tegenwoordig als aangesprokene voortdurend tussen u en jij heen en weer geslingerd. Bij de supermarkt krijg ik u als ik me geschoren heb, maar met stoppels ben ik 'jij'. U lijkt bedoeld voor het maat- en mantelpak, jij past bij de joggingbroek. Op mijn werk ben ik, ongeacht mijn voorkomen, 'jij' voor de collega's en 'u' voor het kantinepersoneel. Mijn studenten bedienen zich van beide.

Mode en tijdgeest

De u/jij-wisseling is moeilijk in regels vast te leggen. Deze woordjes hebben niet zozeer 'betekenis' zoals boek of broodje kaas, als wel een 'lading' met sociale en psychologische potentie. Niet alleen leeftijdsverschil en maatschappelijke positie bepalen de keus, maar ook veranderlijke factoren als uiterlijk, verhouding, uitstraling en sfeer van het moment. Daar komt nog bij dat de u/jij -wisseling met de mode en de tijdgeest meewaait. Weinig woorden weerspiegelen zo helder maatschappelijke veranderingen.

(From: Jan Erik Grezel, 'U of jif: wat moet je nou?' in *Onze Taal*, published by Genootschap Onze Taal, Den Haag, 2002)

VOCABULARY

de aanspreekvorm	form of address
Vlaanderen	Flanders
de problematiek	(set of) problems
de taalgebruiker	language user
haperen	hesitate, stumble
de keus/keuze	choice
zozeer	so much
het gebrek	lack

de taalbeheersing	linguistic fluency/skill
de onzekerheid	uncertainty
de relatie	relation, relationship
de aangesprokene	addressee
de situatie	situation
gedistingeerd	distinguished
gemoedelijk	kind, genial, easy-going
tutoyeren	use jij
er erg in hebben	notice, realize
half	half
de eeuw	century
de informalisering	becoming more informal
de kern	heart, nub
de kwestie	matter, question
uitdrukken	express
vastleggen	establish, fix
de afstand	distance
de zakelijkheid	businesslike approach
de beleefdheid	politeness
het onderscheid	distinction, difference
informeel	informal
kameraadschappelijk	matey, companionable
vertrouwd	familiar, dependable
het teken	sign
de afstandelijkheid	coldness, distance
het symbool	symbol
de solidariteit	solidarity
de verwijdering	distance, being apart
de mijl	mile
jijen en jouen	use jij (see tutoyeren)
de exponent	indicator
maatschappelijk	social
de nivellering	levelling, making equal
twijfelen	doubt
aangeven	signal, indicate
de genegenheid	liking, affection
gelijkheid	equality
broederschap	solidarity
sociaal	social
de kloof	gap, gulf

voortdurend	constantly
slingeren	be sent backwards & forwards
zich scheren	shave
de stoppel	stubble
maat- en mantelpak	men and women in suits
passen bij	fit/go with
de joggingbroek	jogging pants
ongeacht	regardless of
het voorkomen	appearance
het kantinepersoneel	canteen staff
zich bedienen van	use, avail oneself of

5 Rechten en plichten consument (C) Consumers' rights and obligations

Het is een gulden regel dat je als klant niet hoeft te betalen voor dingen die niet deugen. De ingehouden betaling moet wel in verhouding staan tot het mankement.

Drukfouten in reisgidsen mogen niet op de klant worden verhaald, tenzij het een duidelijke fout is waarvan iedereen kan zien dat de prijs niet klopt.

Dit zijn enkele citaten uit 'Rechten en plichten van de consument', een boekje dat is geschreven door Loes Dommering, die tien jaar lang als juriste aan Konsumentenkontakt* verbonden was.

In twintig afzonderlijke hoofdstukken gaat Loes Dommering uitvoerig maar toch begrijpelijk in op de rechten en plichten die consumenten hebben. Uitgangspunt bij de opstelling van het boekje is geweest de informatiebehoefte van de consument. Wat moet de klant weten als hij of zij een klacht heeft over een geleverd produkt of een verleende dienst. Hoe moet men handelen om niet in de problemen te komen.

Om de gebruiker van het boekje in twijfelgevallen bij te staan zijn als bijlage verschillende standaardcontracten en model-overeenkomsten met hun letterlijke teksten opgenomen. Een groot aantal hoofdstukken gaat verder vergezeld van een voor-beeldbrief, die illustreert hoe men zijn grieven kenbaar maakt.

(From: NRC Handelsblad)

VOCABULARY

het recht	right
de plicht	obligation
de consu'ment	consumer
gulden	golden
niet deugen	be no good
inhouden	keep back, deduct
in verhouding staan tot	be in relation to
het manke'ment	defect
de drukfout	misprint
de reisgids	guide-book
verhalen op	be detrimental to
het citaat	quotation
de ju'rist	lawyer
Konsumentenkontakt	Dutch consumer organization
verbinden	connect
afzonderlijk	separate
het hoofdstuk	chapter
uitvoerig	in detail
ingaan op	go into
het uitgangspunt	starting-point
de opstelling	compilation
de behoefte	need, requirement
de klacht	complaint
leveren	supply
een verleende dienst	a service rendered
handelen	act
het twijfelgeval	doubtful case
bijstaan	help
de bijlage	supplement, appendix
verschillend	various
de overeenkomst	agreement
het aantal	number
vergezeld van	accompanied by
de grief	grievance
kenbaar	known

* Current organization is called 'Consumentenbond'. Web address: www.consumentenbond.nl

Key to exercises

Exercise 2: treinen, leeuwen, boeren, peren, poten, buren, pennen, tuinen, bussen, boten, potten, straten, mannen, deuren, manen.

Exercise 3: 1 Is the man nice? 2 You are crazy. 3 I am very ill. 4 She is ill too. 5 Are you tired? 6 We are also tired. 7 The neighbours are kind. 8 They are very nice. 9 You are very kind. 10 You are sly.

Exercise 4: 1 He has a house. 2 It has a garden. 3 Do the neighbours have a boat? 4 We have a garden and a boat. 5 Do you have an umbrella? 6 I have a pear. 7 You have a sore throat. 8 Does the farmer have a lion in the garden? 9 Lions have paws. 10 Do you have a pen?

Exercise 5: 1 Zijn de buren vriendelijk? 2 Hij is aardig. 3 Zij is erg ziek. 4 Wij hebben een huis en een tuin. 5 Het huis is nieuw. 6 Heeft u een dier in de tuin? 7 Ja, ik heb een leeuw. 8 Jij hebt een pen en een paraplu. 9 Zij zijn allebei nieuw. 10 Jullie zijn moe en ziek. 11 Ik ben ook ziek. 12 U bent erg mooi. 13 De maan is ook mooi. 14 Zij hebben een boot. 15 Heb jij ook een boot?

WEEK 2

Exercise 6: 1 The man is little. 2 The girl is very fat. 3 The houses are much too big. 4 The woman has a wig. 5 The neighbours have a child. 6 It is a girl. 7 The girl is sitting in the garden. 8 The shoes are a bit down at heel. 9 The animal is not friendly. 10 It is cunning.

Exercise 7: 1 This house has a garden. 2 That house is too small. 3 Those houses are very large. 4 This dress is too short. 5 These shoes are a bit big. 6 Those shoes are much too small. 7 Do you see this boy and this girl? 8 They are very nice. 9 Those are the neighbours. 10 That one is nice, but that one is not so friendly.

Exercise 8: 1 Deze jongen heeft een boot. 2 Dat meisje heeft een pen. 3 Deze mannen zijn erg vriendelijk. 4 Die vrouwen zijn ook vriendelijk. 5 Dit huis is groot, maar dat is klein. 6 Die tuin is te groot. 7 Die schoenen zijn erg duur. 8 Die jurk is te kort, maar deze is erg mooi. 9 Dit zijn de buren. 10 Ze zijn niet erg aardig. 11 Dat dier daar is een leeuw. 12 Dit is de boer. 13 Hij zit in een boot. 14 Deze boot is nieuw en die ook. 15 Deze vrouwen zijn allebei moe.

Exercise 9: 1 I have two pens. 2 The farmer has a lot of carrots. 3 Wolves and lions are animals. 4 Houses have roofs. 5 The towns have many roads and streets. 6 Those women have very many books. 7 Students always have a lot of books. 8 Biographies are not always dull.

Exercise 10: 1 These are the boys and girls of the neighbour. 2 She has two aunts and two uncles. 3 These photographs are very good. 4 The fathers and mothers of those children both have many ambitions. 5 Those songs are very beautiful. 6 These umbrellas are large. 7 The city has many trams. 8 Those tables are new.

Exercise 11: 1 The librarian has many novels. 2 The authoress has two houses. 3 The teacher is very nice. 4 This is my secretary. 5 The father of the student has a boat. 6 The farmers' wives are friendly. 7 Are princesses always beautiful? 8 The Englishwoman is ill: she has a temperature.

Exercise 12: 1 Deze peren zijn duur. 2 Ik heb twee jurken. 3 Zijn die romans saai? 4 De schrijfster heeft veel boeken. 5 Biografieën zijn moeilijk. 6 De Nederlandse heeft twee kinderen. 7 Verpleegsters zijn altijd vriendelijk. 8 De foto's van de leeuwin zijn erg goed. 9 De jongens en meisjes zijn in de tuin. 10 Zijn de wegen hier goed? 11 Zie je die rokken in de etalage? 12 Ik heb een boek over schepen en boten. 13 Is de lerares erg moe? 14 Tantes en ooms zijn aardig. 15 Heeft de prins een secretaris?

WEEK 3

Exercise 13: 1 ik lig, hij ligt. 2 ik woon, hij woont.
3 ik praat, hij praat. 4 ik drink, hij drinkt. 5 ik word, hij
wordt. 6 ik zit, hij zit. 7 ik rij, hij rijdt. 8 ik kom, hij komt.
9 ik sla, hij slaat. 10 ik zie, hij ziet. 11 ik houd, hij houdt.
12 ik ga, hij gaat.

Exercise 14: 1 We live in London. 2 Where do you live?
3 He lies in bed. 4 Do you drink a lot of beer? 5 I think it
is a very pleasant party. 6 They are sitting in the garden
behind the house. 7 She talks a lot. 8 Who lives in that
house? 9 We like parties. 10 What do you think of the
wine in this restaurant?

Exercise 15: 1 Where are the students going? 2 Do you
see the children over there? 3 They are standing in front
of the house. 4 I come from London. 5 Where do you
come from? 6 What are we doing this evening? 7 Do you
always go to that restaurant? 8 She sees the neighbour in
the bus. 9 Goodbye. I'm going home. 10 This boy never
hits the dog.

Exercise 16: 1 Wat doe je na het feest? 2 Ik ga naar huis.
3 Waar komen zij vandaan? 4 Wij wonen in dat huis.
5 Waarom zitten jullie in de tuin? 6 Ik lees een boek.
7 Kent u Amsterdam? 8 Zij blijft thuis. 9 Wat drinken de
kinderen? 10 Wie staat daar? 11 De bibliothekaresse houdt
van feesten. 12 Je praat vanavond veel.

REVISION EXERCISES 1

Exercise 1: 1 De meisjes zijn aardig. 2 Wonen de studenten
in Rotterdam? 3 De jurken zijn te kort. 4 Hebben jullie
misschien hoofdpijn? 5 Dit zijn de jongens. 6 Leeuwen
zijn dieren. 7 De kinderen gaan naar huis. 8 Wie zijn
die mannen?

Exercise 2: 1 Tante woont in Den Haag. 2 Het kind leest een boek. 3 Zie je die man daar? 4 Wanneer gaan we naar Amsterdam? 5 Jullie praten te veel. 6 Welk huis bedoel je? 7 De studenten drinken bier. 8 Ik houd van feesten.

Exercise 3: 1 Deze romans zijn saai. 2 Hoe vind je dit restaurant? 3 Dit huis heeft een tuin. 4 Ik vind deze schrijver erg goed. 5 Deze schoenen zijn veel te klein. 6 Deze huizen zijn te duur. 7 Houd je van deze wijn? 8 Deze jongen woont in Leiden. 9 Dit meisje houdt van feesten. 10 Deze meisjes en deze jongens zijn erg vriendelijk.

Exercise 4: 1 Wie is die man? 2 Ken je die vrouw daar? 3 Ze woont in dat huis. 4 Dat kind is erg moe. 5 Bent u de moeder van die kinderen? 6 Ik vind die stad erg mooi. 7 Zie je die jurk in de etalage? 8 Dat restaurant is veel te duur. 9 Heeft u dat boek? 10 Die boeken zijn te moeilijk.

Exercise 5: 1 Waar kom je/komt u vandaan? 2 Waar gaan jullie naartoe? 3 Houd je van wijn? 4 Waar woont meneer de Vries? 5 Wanneer komt ze op bezoek? 6 Vindt hij het restaurant gezellig?

Exercise 6: 1 Ja, ik drink altijd bier. 2 Ja, ik ga vanavond naar het restaurant. 3 Ja, ik zit de hele dag hier. 4 Ja, ik praat over de buren. 5 Ja, ik woon in dat huis. 6 Ja, ik houd van lezen. 7 Ja, ik heb hoofdpijn. 8 Ja, ik ben ziek.

Exercise 7: ziek; hebben; zijn; in; komt; naar; thuis.

WEEK 4

Exercise 17: 1 Read that book. 2 But I don't like novels. 3 Those people haven't got a car. 4 She isn't coming by bicycle: she's coming by tram. 5 You don't eat meat, do you? 6 Do you really not know that? 7 The children do not play in the street. 8 Tomorrow we are going to the beach by train. 9 This bus doesn't stop in Beatrix Street. 10 I like sitting in the garden in summer.

Exercise 18: 1 Wij gaan morgen naar huis. 2 Ik zwem in de winter niet in zee. 3 De Engelsman komt vandaag op bezoek. 4 Ze zit hier altijd. 5 Zij wonen daar, niet waar? 6 De jongens spelen graag buiten in de zomer. 7 Nee, ik blijf vanavond niet thuis. 8 Ik weet dat niet. 9 De tram stopt niet op het Koningsplein. 10 Die man is niet aardig.

Exercise 19: 1 Doe dat. 2 Doe dat niet or Niet doen. 3 Blijft u hier. 4 Hij is op kantoor. 5 We gaan met de trein naar Amsterdam. 6 Ze leest dat boek in het Nederlands. 7 Ze komen vanavond niet naar het feest. 8 Hij is hoogleraar in de geschiedenis, niet waar? 9 Nee, ik ben geen hoogleraar in de geschiedenis. 10 Drinken jullie geen wijn? 11 Die bus stopt hier niet. 12 Ik lig graag in bad. 13 De poes is niet boven. 14 Hebben ze geen tuin? 15 Speel niet op straat: het is te gevaarlijk.

Exercise 20: 1 They always see us in the café. 2 Give me a cup of tea. 3 Here is the letter. She'll get it tomorrow. 4 We are doing it for you. 5 He gives the present to her. 6 There are the neighbours' children. The cat likes playing with them. 7 The books are on the table. Do you see them? 8 Is the garden behind the house? No, it is in front of it. 9 What are you doing with that bicycle? I am riding to town on it. 10 What is the girl doing with the pen? She is writing with it.

Exercise 21: 1 She has the children with her. 2 They have a lot of money on them. 3 Have you a mobile with you? 4 We haven't any photographs with us. 5 Do you feel tired? 6 He is bored at the office. 7 You are enjoying yourself at the party, aren't you? 8 We are not in a hurry. 9 Doesn't she like apple cake? I'm amazed. 10 Have a wash immediately!

Exercise 22: 1 We zien jullie altijd in de bus. 2 Die appeltaart is lekker. Waar koop je hem? 3 Hoe voelt u zich? 4 De kinderen geven ons een cadeau. 5 Geef dat kopje koffie aan mij. 6 Daar staat de auto – zie je hem? 7 Wij eten bij hen. 8 Ik geef je de pen en jij schrijft ermee.

9 Daar is de bibliothekaresse. Kennen jullie haar?
10 De kinderen gedragen zich goed. 11 U houdt van
romans, niet waar? Leest u ze altijd? 12 Hebben jullie geld
bij je? 13 Ze wast zich boven. 14 We amuseren ons hier op
het terrasje voor het café. 15 Ik herinner me die man.

WEEK 5

Exercise 23: 1 This car is ours. 2 These books are theirs.
3 This piece of cake is hers. 4 Those bicycles are ours.
5 This cup of tea is yours. 6 This newspaper is mine.
7 That umbrella is yours. 8 That money is his.

1 Deze auto is de onze. 2 Deze boeken zijn de hunne.
3 Dit stuk taart is het hare. 4 Die fietsen zijn de onze.
5 Dit kopje thee is het jouwe. 6 Deze krant is de mijne.
7 Die paraplu is de uwe. 8 Het geld is het zijne.

Exercise 24: 1 Do you know my husband? 2 His wife is
very nice. 3 Your paper is on the table. 4 Have you your
mobile with you? 5 Her shoes are on the floor. 6 Our cases
are there on the platform. 7 I think their garden is very
beautiful. 8 Where is your car?

Exercise 25: 1 I have my mother's car this evening.
2 Her brother's girl friend comes from Utrecht. 3 The
neighbours' cat plays in our garden. 4 He has his sister's
bicycle. 5 They need money. 6 Do you need a pen? Take
mine. 7 That book of yours is on the chair. 8 I'm looking
for a bag. Where is yours?

Exercise 26: 1 Hier zijn je pakjes. 2 Mijn koffer staat daar.
3 Kennen jullie hun dochter? 4 Zijn die kinderen van haar?
5 Ons huis is veel te groot voor ons. 6 We hebben uw
treinkaartjes. Wie heeft die van ons? 7 Zijn vrouw is erg
vriendelijk. Ken je haar?

Exercise 27: gemaakt, geklopt, gebeld, verteld, gewerkt,
gekookt, ontmoet, beloofd, verhuisd, gebrand.

Exercise 28: 1 She took a photograph of the house yesterday. 2 We talked about everything. 3 My brother cooked this evening. 4 Have you always lived in Utrecht? 5 What a pity! You've missed the train. 6 The children have built a little house in the garden. 7 I've burnt the pile of newspapers. 8 Grandpa rang yesterday. 9 Did you tell everything to your mother? 10 They met her in the park. 11 Yesterday he played in the street with his friends. 12 Afterwards he studied at home.

Exercise 29: 1 Ik heb gisteren hard gewerkt. 2 Jullie hebben in Holland gewoond, niet waar? 3 Ze heeft die jurk zelf gemaakt. 4 Ze hebben een foto van ons huis gemaakt. 5 Wie heeft ze op het station ontmoet? 6 Ik heb me verbaasd. 7 Hij heeft ons over het feest verteld. 8 Heeft u er iets over gehoord? 9 We hebben het altijd geloofd. 10 Ik heb me gisteren erg moe gevoeld.

WEEK 6

Exercise 30: gekomen, gehad, gelegen, gegaan, geweest, gelezen, gegeten, gekocht, geschreven, gedacht, gebleven, gedaan.

Exercise 31: 1 Did you stay at home yesterday? 2 The children have already done their homework. 3 The librarian has written a book himself. 4 Why didn't you come? 5 I have read very many books. 6 Did you eat in that restaurant yesterday? 7 We went to the cinema today. 8 We both walked. 9 You have been very busy, haven't you? 10 She has already seen that film. 11 The neighbours' son has hit his dog. 12 My brother was in town this morning.

Exercise 32: 1 Waarom bent u met de bus gekomen? 2 Ze zijn naar het station gereden. 3 Ik ben gisteren de stad in gelopen. 4 Zijn jullie al in het museum geweest? 5 Wat heeft ze in de stad gekocht? 6 Wie heb je in het park gezien? 7 We zijn vandaag thuis gebleven. 8 Mijn zus heeft vanochtend een auto gekocht. 9 De poes heeft in de zon gelegen. 10 Waar hebben jullie 's avonds gegeten?

REVISION EXERCISES 2

Exercise 1: 1 Nee, ze komt vanavond niet. 2 Nee, mijn oom woont niet in Amsterdam. 3 Nee, de kinderen spelen niet buiten. 4 Nee, meneer Smit is niet thuis. 5 Nee, ik heb geen fiets. 6 Nee, de jongens zijn niet aardig. 7 Nee, we gaan niet met de bus. 8 Nee, Jan zit niet op het strand. 9 Nee, de buur-vrouw heeft geen poes. 10 Nee, het kind heeft geen koorts.

Exercise 2: 1 Morgen gaan de studenten naar de stad. 2 Vandaag heb ik het ontzettend druk. 3 Deze keer neem ik een kopje thee met citroen. 4 De hele middag zit hij in de bibliotheek. 5 Vanavond komen de buren op bezoek.

Exercise 3: 1 Ik zie haar altijd in de bus. 2 Hij praat met haar. 3 Zij gaan vanavond naar een restaurant. 4 Zij gaat met hen naar het restaurant. 5 Vind je hem aardig?

Exercise 4: 1 Hij geeft het aan haar. 2 Ze spelen met hem. 3 Hij speelt ermee. 4 Geef hem aan hem. 5 Hij ligt erachter. 6 Ik zie hen daar. 7 Hebben jullie alles aan hen verteld? 8 Zit hij erin?

Exercise 5: gewoond, gemaakt, gehoord, gebeld, gemist, geloofd, verhuisd, gepraat, gebleven, gegeten, gegaan, vertrokken, geschreven, gekomen, gelegen.

Exercise 6: 1 Hebben. 2 ben. 3 ben. 4 hebben. 5 is. 6 zijn. 7 Heeft. 8 heeft.

Exercise 7: ben; met; want; in; hebben; gekocht; vindt; naar; in; gegeten; we; ook/erg; geld; de; zijn; trein; ons.

Exercise 8: This is an open exercise. Below are model answers.
1 Nee, ik verveel me nooit in de stad. 2 Ja, ik reis altijd met de trein. 3 Ja, ik houd erg veel van appeltaart. 4 Nee, ik heb geen auto. 5 Ik heb het ontzettend druk. 6 (Mij gaat het) goed, dank je. 7 Gisteren heb ik gewerkt. 8 Ik heb koffie gedronken. 9 Ja, mijn buren zijn heel

vriendelijk. 10 Nee, ik schrijf nooit brieven. Ik bel de mensen op.

WEEK 7

Exercise 33: 1 I have a large living room. 2 They have new curtains and a new carpet. 3 It's lovely weather today. 4 My father needs a new car. 5 Do you feel like a nice glass of beer? 6 What a splendid view! 7 We don't like dark colours. 8 My sister thinks white walls are pretty.

Exercise 34: 1 The bedroom is much bigger than the kitchen. 2 I think this carpet is prettier than that one. 3 My brother thinks coffee is nicer than tea. 4 Larger houses are also more expensive. 5 I have read a much more interesting biography. 6 Their bathroom is as small as our kitchen. 7 Do you think beer is as nice as wine? 8 Our cat is much thinner than yours.

Exercise 35: 1 Deze kamer heeft grote ramen. 2 Heb je een nieuw vloerkleed? 3 De houten stoel staat in de slaapkamer. 4 Gebroken ramen zijn gevaarlijk. 5 Het is vandaag slecht weer. 6 Wanneer heeft u die witte schoenen gekocht? 7 Ik vind de donkerder kleur mooier. 8 De badkamer is even groot als de keuken.

Exercise 36: 1 het stoeltje. 2 het dochtertje. 3 het briefje. 4 het terrasje. 5 het kammetje. 6 het filmpje. 7 het dagje. 8 het tafeltje. 9 het woninkje. 10 het huisje. 11 het balletje. 12 het boompje.

Exercise 37: 1 This is the smallest kitten. 2 Their youngest child has a new bicycle. 3 I think this room is the loveliest. 4 Most people have a computer nowadays. 5 My little son sings the best. 6 I didn't buy the most expensive shoes. 7 Did you read the note? 8 This author writes very well. 9 He likes red wine best. 10 They like eating pudding best of all.

Exercise 38: 1 Dit is de goedkoopste auto. 2 Neem het gezondste katje. 3 We zijn naar het beste restaurant gegaan. 4 Jullie tuintje is erg mooi. 5 Ze drinkt altijd de duurste wijn. 6 Dit kleine hondje rent het snelst. 7 Dank je voor het cadeautje. 8 Heeft u mijn briefje gekregen?

WEEK 8

Exercise 39: 1 I want to eat here. 2 We can't come this evening. 3 She must go home by taxi. 4 You may not smoke in this compartment. 5 We want a double room with a bath. 6 May I sit at this table? 7 Can you just do this for me? 8 They must certainly visit the museum. 9 I'm sorry, but it's not allowed. 10 Do you want red or white wine?

Exercise 40: 1 She had to go early. 2 Weren't you able to come yesterday? 3 What did you want to buy? 4 I had to work hard. 5 The children were not allowed to play here. 6 We couldn't find anything nice. 7 It wasn't possible. 8 We were not allowed to do that. 9 Were you able to get a hotel room? 10 I wanted to say something kind, but I didn't succeed.

Exercise 41: 1 Hij kan vandaag niet komen. 2 Mag ik de sleutel hebben? 3 We moeten een nieuwe computer kopen. 4 Deze meneer wil een tweepersoonskamer. 5 Kunt u het meteen doen? 6 Moeten jullie nu naar huis gaan? 7 We hebben iets goedkoops willen kopen. 8 Ze hebben een taxi moeten nemen. 9 Heb je mogen roken? 10 Ik heb die zware koffer niet kunnen dragen.

Exercise 42: 1 His girl friend is going away today. 2 When is she coming back? 3 I have to ring up tomorrow. 5 Are you going along with us? 5 The nice thing is – we'll be seeing each other again soon. 6 Take the key with you. 7 May I have a lift with you? 8 We are fetching our daughter from the station. 9 Can you just shut the door for me? 10 The plane arrives in half an hour.

Exercise 43: 1 She went away this morning.
2 Did the children eat up everything? 3 When did you ring
him up? 4 They came back from their holiday yesterday.
5 He embraced her on the platform. 6 My sister collected me
by car. 7 This expensive hotel is really only for the rich.
8 The library has already closed. 9 I had a lift with my
brother. 10 Did they accept his proposal?

Exercise 44: 1 Ze komen vandaag terug. 2 Wanneer
gaat u weg? 3 Bel hem op. 4 Je moet alles opeten.
5 De bibliotheek heeft speciale boeken voor blinden.
6 Hebben ze je van het vliegveld afgehaald? 7 Doe de deur
open. 8 Ik heb hem nooit teruggezien. 9 Wat heeft hij
voorgesteld? 10 Ze wil met ons meerijden. 11 Ik heb mijn
studie afgemaakt. 12 Heb je je broer naar het feest
meegenomen?

WEEK 9

Exercise 45: 1 I shall ring him up tomorrow.
2 He is going to buy a new pair of trousers. 3 Shall we go
to the wedding? 4 What are you going to do now?
5 The children will need some summer clothes. 6 She won't
have a cent left over. 7 Why don't they go on a boat-trip?
8 The canals will look lovely. 9 Are we going to watch TV?
10 She will never know.

Exercise 46: 1 She is reading. 2 I dare not look.
3 Did you forget to come? 4 They sat talking all evening.
5 Do you hear her calling? 6 He doesn't have to buy any
new clothes. 7 I started to read, but the book doesn't
interest me. 8 Do you see him sitting in the corner?
9 We went and helped immediately. 10 I had my old
coat dry-cleaned.

Exercise 47: 1 Wat gaan we doen? 2 Ik zal een nieuwe
hoed kopen. 3 Ze zullen haar nooit vergeten.
4 Het boompje begint te groeien. 5 Hij probeerde een das te
vinden. 6 Kijken de kinderen naar de televisie?
7 Ik leer hem zwemmen. 8 Heeft u uw jas laten stomen?

9 Je hebt verbaasd staan te kijken. 10 We hebben de buurman in bad horen zingen.

REVISION EXERCISES 3

Exercise 1: 1 aardig. 2 interessant. 3 kleine. 4 wit. 5 dure. 6 grote. 7 lekker. 8 moeilijke.

Exercise 2: 1 moeten. 2 kunnen. 3 mag. 4 wil. 5 kan. 6 willen. 7 moet. 8 mag. 9 wil. 10 kunt.

Exercise 3: 1 Ik bel haar vaak op. 2 De kinderen hebben de hele taart opgegeten. 3 Tineke gaat met ons mee. 4 Mijn broer is gisteren al weggegaan. 5 We zijn hem op straat tegengekomen. 6 Wil je de deur dichtdoen? 7 Kun je het raam voor mij opendoen? 8 Ik kom je van het station afhalen. 9 Mag ik met jullie meerijden? 10 We gaan vanavond uit.

Exercise 4: 1 Ik zal beslist meegaan. 2 We zullen je van het vliegveld afhalen. 3 Hij zal het vandaag doen. 4 Welke auto zal zij kopen? 5 Ik zal morgen de hele dag thuis zijn. 6 Zult u het voorstel aanvaarden? 7 Je zult niet weggaan, hoop ik? 8 Ze zullen het goed bedoelen.

Exercise 5: wil; moet; kan; moet; wil; kunnen; blijf.

Exercise 6: 1 Ik heb een taxi willen nemen. 2 Je hebt veel moeten lezen. 3 We hebben vroeg willen eten. 4 Ze hebben vandaag niet kunnen komen. 5 Ik heb hard moeten studeren. 6 Ze hebben staan wachten. 7 Ze heeft zitten lachen. 8 De poes heeft de hele dag liggen slapen. 9 Hebben jullie niets zitten doen? 10 We hebben naar de radio zitten luisteren. 11 Ik heb haar leren zwemmen. 12 Hij is op het perron blijven staan. 13 We zijn je in de tuin komen helpen. 14 Ze is een nieuwe fiets gaan kopen. 15 Heb je je schoenen laten repareren?

Exercise 48: 1 They earn a lot and they spend a lot. 2 I like the theatre, but I also go to the cinema. 3 Are you staying at home or are you going out? 4 It's raining, so we're going by car. 5 Do you know if it's true? 6 I think he's right.
7 She's washing her hair. 8 If it's possible, we want to go to the theatre this evening. 9 She says that they are eating.
10 When the weather is fine, the children go and play in the park. 11 His face seems familiar to me because I've seen him on TV. 12 He says he laughed a lot because the play is so funny.

Exercise 49: 1 Hij kijkt naar de televisie en zij luistert naar de radio. 2 We zijn de auto aan het wassen. 3 Hij acteert goed, maar hij is niet bekend. 4 Ik denk dat u gelijk heeft.
5 Ze wil weten of je aan het werken bent. 6 Gaan jullie naar een restaurant voordat jullie naar het theater gaan?
7 Als het mooi weer is, zal ik naar het strand gaan.
8 Wanneer het regent, blijf ik thuis. 9 Leer je Frans of spreek je het al? 10 We gaan niet mee want we hebben het toneelstuk al gezien. or We gaan niet mee omdat we het toneelstuk al gezien hebben.

Exercise 50: hoopte, hoopten; groeide, groeiden; bouwde, bouwden; maakte, maakten; leefde, leefden; praatte, praatten; verhuisde, verhuisden; zette, zetten; blafte, blaften; brandde, brandden.

Exercise 51: schreef, schreven; ging, gingen; bracht, brachten; las, lazen; liep, liepen; vroeg, vroegen; stond, stonden; nam, namen; kocht, kochten; hing, hingen.

Exercise 52: 1 We paid and left. 2 It was lovely weather yesterday. 3 They sat talking all evening. 4 You had three kittens, I thought. 5 They were our neighbours when we lived in Utrecht. 6 He had a big garden before he moved house. 7 Were you satisfied when you worked there?
8 We went along, got into the car and then drove off.
9 She spoke very kindly to me when she rang up.
10 The boy saved the dog and took it home with him.

Exercise 53: 1 Het was een leuk feest, hè? 2 Jullie hadden een hele oude auto. 3 Ik klopte op de deur, deed hem open en ging naar binnen. 4 We waren gisteren in de stad. 5 Had je geen nieuwe fiets? 6 Toen hij ons zag, lachte hij. 7 Ze bouwden een huis en gingen daar wonen. 8 Ik droeg de koffer, zette hem neer en ging erop zitten. 9 Toen sprak ze alleen maar Engels. 10 Toen ik hem de baan aanbood, nam hij hem aan.

WEEK 11

Exercise 54: 1 I arrived too early. 2 The train had left on time. 3 Had you already ordered the wine? 4 We had driven ten kilometres. 5 The butcher had given me three 'ons' (= 300 grammes) of mince. 6 I had been on a visit to my mother-in-law's in June. 7 She said she had paid twelve euros fifty. 8 They had gone on holiday to Germany in September.

Exercise 55: 1 May I borrow your umbrella? 2 You could go on holiday in August. 3 Could you shut the door, please? 4 If we had enough money, we would go to the film. 5 I would like one and a half pounds of cheese, please. 6 Would that cost more than ten euros? 7 Would you like to make tea? 8 Could I speak to the secretary, please?

Exercise 56: 1 Hij had die film al gezien. 2 Ze hadden haar een cadeau gegeven. 3 Had u naar veel banen gesolliciteerd? 4 Zou ik je fiets mogen lenen? 5 Hun huis ligt vijf kilometer van het station vandaan. 6 Ik wou graag een half kilo boter. 7 Hij zei dat hij in Engeland was geweest. 8 Zou je me die pen kunnen geven? 9 Ze zei dat het tweeëntwintig euro's zou kosten. 10 Als ze een auto hadden, zouden ze meegaan.

Exercise 57: 1 They have lived there for years. 2 A girl is walking in the street. 3 He often stays there. 4 Was there enough bread for breakfast? 5 Here is a knife. Can you cut meat with that? 6 How many stamps do you want? I need three. 7 Do you like coffee? No I don't like it. 8 Another spoonful of sugar? No thank you, I have enough. 9 Do you have a radio? Yes, but we never listen to it. 10 Were there many people in the post office? There were a few.

Exercise 58: 1 The boy who is standing there is my brother. 2 Those are the people he is staying with. 3 She refused to go along. 4 I am going to the post office to buy some stamps. 5 The drawing which hangs above the settee is very beautiful. 6 Here is the little table I got second-hand. 7 It isn't a park for walking in. 8 These are the flowers she likes the most. 9 The knives which are lying on the table are not sharp. 10 Do you see the chair on which the cat is sitting? It is my sister's.

Exercise 59: 1 Er speelt een katje in de tuin. 2 Heeft u een postzegel? Ja, ik heb er twee. 3 Waar is de radio? De kinderen luisteren ernaar. 4 De mensen met wie ze praat, zijn erg vriendelijk. 5 Het huis waarin ze wonen, is te groot. 6 Ik heb een fles melk nodig ... Heb je er geen? 7 Ze hebben er de hele middag gezeten. 8 Neem het kopje dat op tafel staat. 9 De buren die in het kleine huis wonen, zijn aardig. 10 Hier is het park waarin we graag wandelen. 11 Dit is de man aan wie ik het geld heb gegeven. 12 Hij deed het om rijk te worden.

WEEK 12

Exercise 60: 1 één uur. 2 vijf voor half elf. 3 kwart over negen. 4 half drie. 5 vijf over half vijf. 6 kwart voor twaalf. 7 vijf voor vier. 8 tien over zes. 9 tien over half negen. 10 vijf over vijf.

Exercise 61: 1 The car is being washed. 2 The plate was broken. 3 The TV has been switched on. 4 The radio had been switched off. 5 The children are put to bed by their mother at seven o'clock. 6 Breakfast was prepared by father. 7 Two small kittens have been found in the garden. 8 We are asked to dinner by the neighbours. 9 Were you often taken along to the museum? 10 CDs were listened to all evening or They listened to CDs all evening. 11 By whom has the house been bought? 12 The doorbell is being rung or Someone is ringing the doorbell. 13 The crying girl was taken home by the policeman. 14 The dog ran barking through the park.

Exercise 62: 1 Het avondeten wordt klaargemaakt.
2 Mijn pen werd door de leraar geleend. 3 Het katje is
door de agent gered. 4 De rekening was door mijn zus
betaald. 5 Het toneelstuk wordt goed geacteerd.
6 Er werd thee gezet. 7 De kaarten zijn allemaal verkocht.
8 Er was veel geld uitgegeven. 9 Is de jurk al eerder
gewassen? 10 De slapende hond heeft urenlang op het
vloerkleed gelegen.

REVISION EXERCISES 4

Exercise 1: 1 Ik doe het omdat ik het belangrijk vind. 2 Nadat
we gewinkeld hebben, gaan we lunchen. 3 Ik blijf hier todat
je je beter voelt. 4 Toen hij jong was, woonde hij in Utrecht.
5 Als je dat leuk vindt, zal ik je meenemen naar het theater.
6 Wanneer het mooi weer is, gaan we in de tuin zitten.

Exercise 2: 1 Piet zegt dat hij niet genoeg verdient. 2 Mijn
ouders zeggen dat ik hard moet werken. 3 De leraar vraagt of
Jan hard gewerkt heeft. 4 Mijn broer zegt dat hij een nieuwe
auto gaat kopen. 5 De buren zeggen dat die hond te veel
blaft. 6 De kinderen vragen of de poes op vakantie meegaat.

Exercise 3: gingen; vond; vond; wou/wilde; zei; wou/wilde;
waren; had; bleef; was; zag.

Exercise 4: zou; naar; om; die; me; wordt; weet; is; zou;
die; kan; zou; heb; die.

COMMONLY USED STRONG AND IRREGULAR VERBS

INFINITIVE		PAST TENSE	PAST PARTICIPLE
beginnen	begin	**begon, begonnen**	**begonnen**
begrijpen	understand	**begreep, begrepen**	**begrepen**
bieden	offer	**bood, boden**	**geboden**
binden	bind	**bond, bonden**	**gebonden**
blijken	turn out	**bleek, bleken**	**gebleken**
blijven	remain	**bleef, bleven**	**gebleven**
breken	break	**brak, braken**	**gebroken**
brengen	bring	**bracht, brachten**	**gebracht**
denken	think	**dacht, dachten**	**gedacht**
doen	do	**deed, deden**	**gedaan**
dragen	carry	**droeg, droegen**	**gedragen**
drinken	drink	**dronk, dronken**	**gedronken**
eten	eat	**at, aten**	**gegeten**
gaan	go	**ging, gingen**	**gegaan**
geven	give	**gaf, gaven**	**gegeven**
hangen	hang	**hing, hingen**	**gehangen**
hebben	have	**had, hadden**	**gehad**
helpen	help	**hielp, hielpen**	**geholpen**
heten	be called	**heette, heetten**	**geheten**
houden	hold	**hield, hielden**	**gehouden**
kijken	look	**keek, keken**	**gekeken**
komen	come	**kwam, kwamen**	**gekomen**
kopen	buy	**kocht, kochten**	**gekocht**
krijgen	get	**kreeg, kregen**	**gekregen**
kunnen	can, be able	**kon, konden**	**gekund**
lachen	laugh	**lachte, lachten**	**gelachen**
laten	let	**liet, lieten**	**gelaten**

INFINITIVE		PAST TENSE	PAST PARTICIPLE
lezen	read	**las, lazen**	**gelezen**
liggen	lie	**lag, lagen**	**gelegen**
lopen	walk	**liep, liepen**	**gelopen**
moeten	must, have to	**moest, moesten**	**gemoeten**
mogen	may	**mocht, mochten**	**gemogen**
nemen	take	**nam, namen**	**genomen**
raden	advise; guess	**ried, rieden/ raadde, raadden**	**geraden**
rijden	ride	**reed, reden**	**gereden**
roepen	call	**riep, riepen**	**geroepen**
schrijven	write	**schreef, schreven**	**geschreven**
slaan	strike	**sloeg, sloegen**	**geslagen**
slapen	sleep	**sliep, sliepen**	**geslapen**
smijten	throw	**smeet, smeten**	**gesmeten**
snijden	cut	**sneed, sneden**	**gesneden**
spreken	speak	**sprak, spraken**	**gesproken**
springen	jump	**sprong, sprongen**	**gesprongen**
staan	stand	**stond, stonden**	**gestaan**
stelen	steal	**stal, stalen**	**gestolen**
sterven	die	**stierf, stierven**	**gestorven**
stinken	stink	**stonk, stonken**	**gestonken**
trekken	pull	**trok, trokken**	**getrokken**
vallen	fall	**viel, vielen**	**gevallen**
vangen	catch	**ving, vingen**	**gevangen**
vergeten	forget	**vergat, vergaten**	**vergeten**
verliezen	lose	**verloor, verloren**	**verloren**
vinden	find	**vond, vonden**	**gevonden**
vragen	ask	**vroeg, vroegen**	**gevraagd**
wassen	wash	**waste, wasten**	**gewassen**

INFINITIVE		PAST TENSE	PAST PARTICIPLE
weten	know	wist, wisten	geweten
wijzen	show	wees, wezen	gewezen
willen	want	wou/wilde, wilden	gewild
worden	become	werd, werden	geworden
zeggen	say	zei, zeiden	gezegd
zenden	send	zond, zonden	gezonden
zien	see	zag, zagen	gezien
zijn	be	was, waren	geweest
zingen	sing	zong, zongen	gezongen
zitten	sit	zat, zaten	gezeten
zoeken	look for	zocht, zochten	gezocht
zwemmen	swim	zwom, zwommen	gezwommen

Mini-dictionary

This mini-dictionary contains the most important words found in the book plus others which you may find useful. The translation given is appropriate for the context in which that word is used in the Course (i.e. 'great' is given as 'fijn, prima', meaning 'excellent', not 'big, important'). See sections week 11, 59–60 for numbers, months of the year and days of the week.

ENGLISH–DUTCH

be able kunnen
about ongeveer
above boven, over
above all vooral
accept accepteren, aanvaarden
according to volgens
actor de acteur
actually eigenlijk
address het adres
admire bewonderen
advantage het voordeel
advert de reclame
advertising de reclame
aeroplane het vliegtuig
after na; nadat
afraid bang
against tegen
ago geleden
airport het vliegveld
all alle, allemaal
be allowed mogen
almost bijna
alone alleen
along langs
already al
also ook
always altijd
amazed verbaasd
ambition de ambitie
American Americaans
American man (woman)
  Americaan(se)
amount het bedrag
angry boos
animal het dier
answer antwoorden

apple de appel
apple cake de appeltaart
apply solliciteren
appointment de afspraak
area het gebied
argument de ruzie
arm de arm
arrive aankomen
art gallery het museum
as als
ask vragen
at aan, bij, om
audience het publiek
aunt de tante
autumn het najaar
awake wakker
awful vreselijk

baby de baby
back de rug
bad slecht, erg
bag de tas
baker de bakker
bald kaal
ball de bal
bank de bank
bath het bad
bathroom de badkamer
be zijn
beach het strand
beautiful mooi
because want, omdat
become worden
bed het bed
bedroom de slaapkamer
beer het bier

before eerder
begin beginnen
behave zich gedragen
behind achter
believe geloven
below beneden
beside naast
better beter
bicycle de fiets
big groot
a bit een beetje
black zwart
blind blind
blue blauw
boat de boot
boat trip de boottocht
book het boek
border de grens
be bored zich vervelen
boring vervelend, saai
born geboren
boss de chef, baas
both beide, allebei
bottle de fles
box de doos
boy de jongen
bread roll het broodje
bread het brood
break breken
break off (a relationship) uitmaken
break in inbreken
breakfast het ontbijt
bridge de brug
bring brengen
British man (woman) Brit(se)
British Brits
broad breed
brother de broer
brown bruin
building het gebouw
burn branden
bus de bus
business het bedrijf, de zaak
busy druk, bezig
but maar

butcher de slager
butter de boter
buy kopen

café het café
café terrace het terrasje
cake de taart
calculate rekenen
call roepen
camera het fototoestel
car de auto
car door het portier
card de kaart
carry dragen
case het geval; de koffer
cat de kat, poes
CD de cd
centre het centrum
certain zeker
chair de stoel
change veranderen; wisselen
cheap goedkoop
cheese de kaas
child het kind
chips de friet, patat
chocolate de chocola(de)
cinema de bioscoop
citizen de burger
clear duidelijk
clever knap, slim
close dichtdoen, dichtgaan
close to/by dichtbij
closed gesloten
clothes de kleren
coat de jas
coffee de koffie
collect afhalen
colour de kleur
come komen
come towards tegemoetkomen
come across tegenkomen
come back terugkomen
company de firma, het bedrijf
compare vergelijken
complaint de klacht
complete afmaken

computer de computer
concerning betreffende
concert het concert
consumer de consument
contented tevreden
continue doorgaan
cook koken
corner de hoek
correct juist
cosy gezellig
cough de hoest
counter de toonbank
country het land
cow de koe
cry huilen
cup het kopje
curtain het gordijn
customer de klant
cut snijden

dangerous gevaarlijk
dare durven
dark donker
date de datum; het jaartal
daughter de dochter
day de dag
day out het uitstapje, dagje uit
dead dood
decide beslissen
declare verklaren
definitely beslist
depart vertrekken
department store het warenhuis
department de afdeling
describe beschrijven
dessert het toetje
diary de agenda
die sterven
difficult moeilijk
direction de richting
disadvantage het nadeel
do doen
doctor de dokter, arts
dog de hond
door de deur

double room de tweepersoonskamer
downstairs beneden
drawing de tekening
dress de jurk
dress (zich) aankleden
drink drinken
drive rijden
drive away wegrijden
dry dry
dry clean stomen
dull saai
Dutch Nederlands
Dutchman de Nederlander
Dutch woman de Nederlandse
duty de plicht

each other elkaar
each elk
early vroeg
earn verdienen
easy makkelijk
eat eten
eat up opeten
egg het ei
embrace omarmen
empty leeg
end het einde
engine de motor
English Engels
English man de Engelsman
English woman de Engelse
enjoy oneself zich amuseren
enough genoeg
entrance de ingang
equal gelijk
escape ontsnappen
escape ontsnappen
evening de avond
evening meal het avondeten
everyone iedereen
everything alles
evil het kwaad
exact precies
exam het examen
example het voorbeeld

excellent uitstekend
except behalve
excuse me pardon
exit de uitgang
expensive duur
experience de ervaring
explain verklaren
eye het oog

face het gezicht
fall vallen
family (nuclear) het gezin
family (extended) de familie
far ver
farmer de boer
fast snel
fat dik, vet
father de vader
father-in-law de schoonvader
feel voelen
feel like zin hebben in
feeling het gevoel
fetch halen, afhalen
fever de koorts
fill up with petrol tanken
filling station tankstation
film de film
find vinden
fine fijn, mooi
finish afmaken
firm de firma
first eerst
fish de vis
flat de flat, woning
flower de bloem
follow volgen
food het eten
foot de voet
for want; voor
foreign vreemd
forget vergeten
fork de vork
free vrij, gratis
French Frans
French man de Fransman
French woman de Franse

fresh vers
fridge de koelkast
friend de vriend
friendly aardig, vriendelijk
fruit het fruit
full vol
fun de pret
funny grappig
furthermore bovendien

garden de tuin
gentleman de meneer, heer
German Duits
German woman (man)
  de Duitse(r)
get krijgen
girl het meisje
girlfriend de vriendin
give geven
give up opgeven
gladly graag
glass het glas
glasses de bril
go gaan
go back teruggaan
go out uitgaan
go past voorbijgaan
go with meegaan
go away weggaan
gold goud
good goed
good afternoon goedemiddag
good evening goedenavond
good-looking knap
good morning goedemorgen
goodbye! dag!
grandpa de opa
granny de oma
great fijn, prima
green groen
group de groep
grow groeien
growth de groei

hair het haar
half de helft

hand de hand
hang hangen
happen gebeuren
happy blij, gelukkig, tevreden, vrolijk
hard hard
hat de hoed
have hebben
have to moeten, hoeven
head het hoofd
headache de hoofdpijn
healthy gezond
hear horen
heavy zwaar
hello! dag!
help helpen
history de geschiedenis
hit slaan
hold houden
holiday de vakantie
at home thuis
homework het huiswerk
hospitable gastvrij
hospital het ziekenhuis
hotel het hotel
hour het uur
house het huis, de woning
how hoe
human being de mens
hurry haasten
husband de man

idea het idee
if als
ill ziek
imagine zich verbeelden
immediately meteen, onmiddellijk
important belangrijk
increase toenemen
indeed inderdaad
inside binnen
intend bedoelen
intentional opzettelijk
interest de belangstelling
interest interesseren

interesting interessant
interval de pauze
introduce voorstellen
invite uitnodigen

jacket het jasje
job de baan, betrekking
journey de reis
jumper de trui
just even, net, pas

keep houden
key de sleutel
kill ombrengen
kind aardig, vriendelijk
kitchen de keuken
knife het mes
knock kloppen
know weten, kennen
knowledge de kennis

lady de dame, mevrouw
large groot
last duren
late laat
laugh lachen
leaf het blad
learn leren
least minst
at least minstens
leather het leer
leave laten; vertrekken
left links, linksaf
left hand de linkerhand
leg het been
leg (of animal/table) de poot
lesson de les
let laten
letter de brief
lettuce de sla
library de bibliotheek
lie liggen
life het leven
light het licht
light licht
listen luisteren

little klein
a little een beetje
live leven, wonen
living room de woonkamer
loaf het brood
long lang
loo de wc, het toilet
look eruitzien; kijken
look at bekijken
look for zoeken
look up opkijken
loud hard, luid
love de liefde
love houden van
lovely mooi
lunch de lunch
have lunch lunchen

mad gek
magazine het blad, tijdschrift
make maken
man de man
manager de manager
map de kaart, plattegrond
market de markt
marriage het huwelijk
get married trouwen
I, you etc. may mogen
mean bedoelen, betekenen
meaning de zin
meat het vlees
meet ontmoeten
midday de middag
milk de melk
minced meat het gehakt
mirror de spiegel
Miss de juf
miss missen
mistake de fout
make a mistake zich vergissen
mobile phone mobieltje
moment het ogenblik
money het geld
month de maand
moon de maan
moreover bovendien

morning de morgen, ochtend
mother de moeder
mother-in-law de schoonmoeder
mouth de mond
move house verhuizen
Mr meneer
Mrs mevrouw
much veel
museum het museum
music de muziek
must moeten

name de naam
nation het volk
natural natuurlijk
necessary nodig
need de behoefte
neighbour de buur
neighbourhood de buurt
never nooit
new nieuw
newspaper de krant
nice leuk, prettig; aardig
night de nacht
no-one niemand
non-alcoholic vris
normal normaal
north het noord(en)
nose de neus
not niet
note het briefje
nothing niets
notice merken
now nu, nou
nowadays tegenwoordig
nowhere nergens
number het aantal
nurse de verpleegster

obtain krijgen
occasion de keer
occupation de werkzaamheid,
  het beroep
of course natuurlijk
of van
offer de aanbieding

offer aanbieden
office worker de kantoorbediende
office het kantoor
often vaak
old oud
on op
one and a half anderhalf
only enig; alleen
open open
open openen, opengaan
open (something) openen,
  opendoen
or of
order bestellen
ordinary gewoon
other ander
otherwise anders
out uit
outside buiten
over over
own eigen

package het pakje
pain de pijn
pair het paar
paper het papier
parcel het pakje
parent de ouder
park het park
part het deel
particular bijzonder
party het feest
pass passeren
paw de poot
pay betalen, afrekenen
pen de pen
people het volk, de mensen
perhaps misschien
person de mens
persuade overreden
petrol de benzine
petrol station het benzinestation
photograph de foto
piece het stuk
pill de pil
pity! jammer!

place de plaats
plan het plan
plate het bord
platform het perron
platform 2 spoor 2
play het toneelstuk
play spelen
please alstublieft, alsjeblieft
pleasure het plezier
police station het politiebureau
police de politie
policeman de agent
polite beleefd
poor arm
post office het postkantoor
postage stamp de postzegel
pot de pot
potato de aardappel
precise precies
preference de voorkeur
pregnant zwanger
prepare klaarmaken
prescription het recept
present het cadeau(tje)
present huidig
price tag het prijskaartje
primary school teacher de juf
prince(ss) de prins(es)
problem het probleem
programme het programma
promise beloven
proposal het voorstel
propose voorstellen
pub de kroeg
publish uitgeven
put down leggen, zetten
put down neerleggen, neerzetten

quarter of an hour het kwartier
queue de rij
quick snel

radio de radio
rain de regen
rain regenen
reaction de reactie

read lezen
ready klaar
get ready klaarmaken
real echt
receptionist de receptionist
recipe het recept
red rood
refuse weigeren
region het gebied
relationship de verhouding
remain blijven
remember zich herinneren
repair de reparatie
reserve reserveren
rest de rust
restaurant het restaurant
retire zich terugtrekken;
   met pensioen gaan
return ticket het retour(tje)
rich rijk
ride rijden
right rechts
be right gelijk hebben
that's right dat klopt
right hand de rechterhand
ring bellen
ring up opbellen
road de weg
roof het dak
room de kamer
row de rij; ruzie
rule de regel
run rennen
Russian man (woman) de Rus(sin)

sadly helaas
salad de salade, sla
the same dezelfde, hetzelfde
satisfied tevreden
save redden
say zeggen
scarf de das
sea de zee
second hand tweedehands
secretary de secretaresse
see zien

see again terugzien
seem lijken, schijnen
self zelf
sell verkopen
sense de zin
sentence de zin
serve dienen
service de dienst
sharp scherp
sheet het laken
ship het schip
shirt het hemd
shoe de schoen
shop de winkel
shop winkelen
shop assistant de winkelbediende
shop window de etalage
short kort
shortly binnenkort
shower de douche
shut dicht
shut dichtgaan
shut (something) dichtdoen
side de kant
silver het zilver
sing zingen
single room eenpersoonskamer
sister de zus
sit zitten
skirt de rok
sleep slapen
slow langzaam
small klein
smell ruiken
smoke roken
so zo
soft zacht
some sommige
something iets
sometimes soms
somewhere ergens
son de zoon
song het lied
soon gauw, binnenkort
sore throat de keelpijn
sorry! sorry!

I am sorry het spijt me
sort het soort
sound klinken
Spanish Spaans
speak spreken
special bijzonder, speciaal
spectacles de bril
spend uitgeven
spoon de lepel
sport de sport
spring de lente, het voorjaar
square het plein
staff het personeel
stage het toneel
stand staan
star de ster
station het station
stay blijven, logeren
steak de biefstuk
steal stelen
steering wheel het stuur
still nog
stop stoppen, ophouden
straight recht
strange vreemd
street de straat
strong sterk
student de student
study studeren
stupid dom
be successful lukken
suddenly ineens, plotseling
sugar de suiker
suit het pak
suitcase de koffer
summer de zomer
sun de zon
supermarket de supermarkt
sure zeker
swallow slikken
sweet zoet
swim zwemmen
switch off uitzetten

table de tafel
take nemen

take along meenemen
talk praten
tart de taart
taste de smaak
taste smaken
tasty lekker
taxi de taxi
tea de thee
teach leren
teacher (f) de lerares
teacher (m) de leraar
telephone call het telefoontje
telephone de telefoon
television de televisie, tv
tell vertellen
terrible verschrikkelijk
thank danken, bedanken
theatre het theater
then dan, toen
there daar
thick dik
thief de dief
thin mager
thing het ding, de zaak
think denken
throat de keel
through door
ticket de kaart, het kaartje
ticket window het loket
tie de das
time de tijd
tired moe
today vandaag
together samen
toilet het toilet, de wc
tomorrow morgen
tough taai
town de stad
trade de handel
traffic het verkeer
traffic jam de file
train de trein
tram de tram
travel reizen
tree de boom
trip het uitstapje, het dagje uit

trousers de broek
true waar
try proberen
turn draaien
turn/switch on aanzetten
turn/switch off uitzetten

umbrella de paraplu
uncle de oom
understand verstaan;
  begrijpen
upperclass deftig
upstairs boven
use het gebruik, nut
use gebruiken
usual gewoon

vacation de vakantie
vegetable de groente
very erg, heel, zeer
view het uitzicht
visit het bezoek
visit bezoeken

wait wachten
walk lopen
wall de muur
want willen
wash (zich) wassen
water het water
way de weg; de manier
way back de terugweg
weather het weer
wedding de bruiloft
week de week
weekend het weekend
well nou

well-known bekend
what wat
when wanneer?; toen
whenever wanneer
where waar
whether of
which welk
while terwijl
whine zeuren
white wit
who wie?; die/dat
whole heel
why waarom
wide breed
wife de vrouw
willingly graag
window het raam
wine de wijn
winter de winter
with met
withdraw (zich) terugtrekken
without zonder
woman de vrouw
wonderful prachtig
wood het hout
word het woord
work werken
worn versleten
write schrijven
writer de schrijver
wrong verkeerd

year het jaar
yellow geel
yes indeed jawel
yesterday gisteren
young jong

aan to
aanbieden to offer
de aanbieding offer
zich aankleden to get dressed
aankomen to arrive
aannemen to accept
het aantal number
aanvaarden to accept
aanzetten to turn/switch on
de aardappel potato
aardig nice, friendly
achter behind
achterin in the back
acteren to act
de acteur actor
het adres address
de afdeling department
afhalen to collect, fetch
afmaken to complete, finish
afrekenen to pay the bill
afslaan to turn off
de afspraak appointment
de agenda diary, agenda
de agent policeman
al already
allebei both
alleen alone; only
alles everything
als as; if
alsjeblieft, alstublieft please
altijd always
de ambitie ambition
de Amerikaan American
Amerikaans American
zich amuseren to enjoy oneself
ander other
anderhalf one and a half
anders otherwise
antwoorden to answer
de appel apple
de appeltaart apple cake
de arm arm
arm poor
de arts doctor

de auto car
de avond evening
het avondeten evening meal

de baan job
de baas boss
de baby baby
het bad bath
de badkamer bathroom
de bakker baker
de bal ball
bang afraid, frightened
de bank bank; sofa
het bed bed
bedanken to thank
bedoelen to mean, intend
het bedrag amount
het bedrijf business, company
het been leg
het beetje little, bit
beginnen to begin
begrijpen to understand
behalve except
beide both
de behoefte need
bekend well-known
bekijken to look at
belangrijk important
de belangstelling importance
beleefd polite
bellen to ring, telephone
beloven to promise
beneden below, downstairs
de benzine petrol
het benzinestation petrol station
het beroep profession, occupation
beschrijven to describe
beslissen to decide
beslist definitely
bestellen to order
betalen to pay
betekenen to mean
beter better
betreffende concerning

de betrekking job, post
bevallen to please
bewonderen to admIre
bezig busy
het bezoek visit
bezoeken to visit
de bibliotheek library
de biefstuk steak
het bier beer
bij with, at
bijna almost
bijvoorbeeld for example
bijzonder special
binnen inside
binnenkort soon, shortly
de bioscoop cinema
het blad leaf, paper, magazine
blauw blue
blij happy
blijven stay, remain
blind blind
de bloem flower
het boek book
de boer farmer
de boodschap message; (plural)
  shopping
de boom tree
de boot boat
de boottocht boat trip
het bord plate
de boter butter
boven above, upstairs
bovendien moreover, furthermore
branden to burn
breed wide, broad
breken to break
brengen to bring
de brief letter
het briefje note
de bril spectacles, glasses
de Brit(se) British man (woman)
Brits British
de broek trousers
de broer brother
het brood bread, loaf
het broodje bread roll
de brug bridge

de bruiloft wedding
bruin brown
buiten outside
de burger citizen
de bus bus
de buur neighbour
de buurman neighbour
de buurvrouw neighbour

het cadeau present
het café cafe
de cd CD
het centrum centre
de chef boss
de chocola(de) chocolate
de computer computer
het concert concert
de consument consumer
daar there
de dag day
dag! hello! goodbye!
het dak roof
de dame lady
dan then
danken to thank
de das tie, scarf
de datum date
het deel part
deftig upperclass, posh
denken to think
de deur door
dezelfde the same
dichtbij close to/by
dichtdoen to shut (something)
dichtgaan to shut
de dief thief
de dienst service
het dier animal
dik fat, thick
het ding thing
de directeur director, head
de dochter daughter
doen to do
de dokter doctor
dom stupid
donker dark
dood dead

door through
doorgaan to continue
de doos box
de douche shower
draaien to turn
dragen to carry
drinken to drink
droog dry
druk busy
duidelijk clear
Duits German
de Duitse(r) German woman (man)
duren to last
durven to dare
dus so
duur expensive

echt real(ly)
de eenpersoonskamer single room
eerder before, earlier
eerst first
het ei egg
eigen own
eigenlijk actually
het eind end
elk each
elkaar each other
Engels English
de Engelse English woman
de Engelsman English man
enig only
erg very; bad
ergens somewhere
eruitzien to look
de ervaring experience
de etalage shop window
het eten food
eten to eat
even just
het examen exam

de familie (extended) family
het feest party
de fiets bicycle
fijn fine, great
de file traffic jam
de film film

de firma firm, company
de fles bottle
de foto photograph
het fototoestel camera
de fout mistake
de Franse French woman
de Fransman French man
de friet chips, french fries
fris fresh, non-alcoholic
het fruit fruit

gaan to go
gastvrij welcoming, hospitable
gauw soon
gebeuren to happen
het gebied area
geboren born
het gebouw building
het gebruik use
gebruiken to use
zich gedragen to behave
geel yellow
het gehakt minced meat
gek mad
het geld money
geleden ago
gelijk equal
gelijk hebben to be right
geloven to believe
gelukkig happy, lucky
gemeen mean
gemeen hebben to have
  in common
genoeg enough
de geschiedenis history
gesloten closed, shut
gevaarlijk dangerous
het geval case
geven to give
het gevoel feeling
gewoon usual, ordinary
gezellig sociable, cosy
het gezicht face
het gezin (nuclear) family
gezond healthy
gisteren yesterday
het glas glass

goed good, ok, well
goedemiddag good afternoon
goedemorgen good morning
goedenavond good evening
goedkoop cheap
het gordijn curtain
goud gold
graag willingly, gladly
grappig funny
het gras grass
de grens border
de groei growth
groeien to grow
groen green
de groente vegetable
de groep group
de groet greeting
de grond ground
groot big, large

het haar hair
haasten to hurry
halen fetch
de hand hand
de handel trade
hangen to hang
hard hard; loud
hebben to have
heel whole; very
de heer gentleman; Mr.
heet hot
helaas sadly
helemaal completely
de helft half
helpen to help
het hemd shirt
de herfst autumn
zich herinneren to remember
heten to be called
hetzelfde the same
hoe how
de hoed hat
de hoek corner
hoesten to cough
hoeveel how many, how much
hoeven to have to
de hond dog

de honger hunger
het hoofd head
de hoofdpijn headache
de hoofdzaak main thing
hoog high
hopen to hope
horen to hear
het hotel hotel
houden to hold, keep
houden van to love
het hout wood
huidig present
huilen to cry
het huis house
het huiswerk homework
huren to rent, hire
het huwelijk marriage

het idee idea
iedereen everyone
iets something
het ijs ice, ice-cream
inbreken to break in
inderdaad indeed
ineens suddenly
de ingang entrance
interessant interesting
interesseren to interest
instappen to get in

het jaar year
het jaartal year eg.1996
jammer (what a) pity, shame
de jas coat
het jasje jacket
jawel yes indeed
jong young
de jongen boy
de juf 'Miss', primary school teacher
juist correct, right
de jurk dress

kaal bald
de kaart ticket, card, map
de kaas cheese
de kamer room

de kant side
het kantoor office
de kantoorbediende office worker
kapot broken
de kapper hairdresser, barber
de kat cat
de keel throat
de keelpijn sore throat
de keer time, occasion
kennen to know
de kennis knowledge, acquaintance
de ketel kettle
de keuken kitchen
kijken to look
het kind child
de kip chicken
klaar ready
klaarmaken to get ready, prepare
de klacht complaint
de klant customer
klein small, little
de kleren clothes
de kleur colour
klinken to sound
de klok clock
kloppen to knock
dat klopt that's right
knap clever, good-looking
de koe cow
de koelkast fridge
de koffer suitcase
de koffie coffee
koken to cook
komen to come
de koorts fever, high temperature
kopen to buy
het kopje cup
kort short
kosten to cost
koud cold
de krant newspaper
krijgen to get, obtain
de kroeg pub
kunnen to be able
het kwaad evil
kwaad evil; angry
het kwartier quarter of an hour

laat late
lachen to laugh
het laken sheet
lang long
langs along
langzaam slow
laten to leave, let
leeg empty
het leer leather
de leeuw lion
leggen to put
lekker tasty, good
de lente spring
de lepel spoon
de leraar teacher
leren to teach; learn
de les lesson
leuk nice
het leven life
leven to live
lezen to read
het licht light
licht light
het lied song
de liefde love
liggen to lie
lijken to seem
de linkerhand left hand
links (on the) left
linksaf (to the) left
de literatuur literature
logeren to stay
het loket ticket window
lopen to walk
luisteren to listen
lukken to be successful
de lunch lunch
lunchen to have lunch
de maal time
de maan moon
de maand month
maar but
mager thin
maken to make
makkelijk easy
de man man; husband
de manager manager

de manier way, manner
de markt market
meegaan to go along
meenemen to take along
meer more
meerijden to go/come with
het meisje girl
de melk milk
de meneer gentleman, Mr
de mens person, human being
merken to notice
het mes knife
met with
meteen immediately
het meubel furniture
de mevrouw lady, Mrs
de middag midday
het midden middle
minder less
de misdaad crime
misschien perhaps
missen to miss
mobieltje mobile phone
moe tired
de moeder mother
het moeilijk difficult
moeten to have to, must
mogelijk possible
mogen to be allowed, may
de mond mouth
mooi beautiful, lovely
de morgen morning
morgen tomorrow
de motor engine
het museum museum, art gallery
de muur wall
de muziek music
na after
de naam name
naar to
naast next to, beside
de nacht night
het nadeel disadvantage
het najaar autumn
natuurlijk natural; of course
de Nederlander Dutchman
Nederlands Dutch

de Nederlandse Dutch woman
neerzetten to put down
nemen to take
nergens nowhere
net nice; just
de neus nose
niemand no-one
niet not
niets nothing
nieuw new
nodig necessary
nog still
normaal normal
nooit never
noord north
nou well, now
nu now
het nut use

de ober waiter
de ochtend morning
of or; whether
het ogenblik moment
om at, for, around
de oma granny
omarmen to embrace
ombrengen to kill
omdat because
onder under
ongeveer about, approximately
onmiddelijk immediately
het ontbijt breakfast
ontmoeten to meet
ontsnappen to escape
ontzettend terrible
het oog eye
ook also
de oom uncle
op on
de opa grandpa
opbellen to ring up
open open
opendoen to open (something)
opengaan to open
opeten to eat up
opgeven to give up
ophouden to stop

opkijken to look up
opschieten to get a move on
opwinden to excite
opzettelijk intentional, on purpose
oud old
de ouder parent
over over
overhebben to have left over
overhouden to be left with
overreden to persuade

het paar pair
het pak suit
het pakje package, parcel
het papier paper
de paraplu umbrella
pardon excuse me
het park park
pas just
passeren to pass
de patat chips, french fries
de pauze interval
de peen carrot
de peer pear
de pen pen
het perron platform
het personeel staff, personnel
de persoon person
de pet cap
de pijn pain
de pil pill
de plaats place
het plan plan
het plein square
het plezier pleasure
de plicht duty
plotseling suddenly
de poel pool
de poes cat, puss
de politie police
het politiebureau police station
de poot paw, leg (of animal/table)
het portier car door
het postkantoor post office
de postzegel postage stamp
de pot pot
prachtig wonderful

praten to talk
precies exact, precise
de pret fun
prettig nice
de prijs price
het prijskaartje price tag
de prins(es) prince(ss)
proberen to try
het probleem problem
het programma programme
de pruik wig
het publiek audience
het raam window
de radio radio
de reactie reaction
het recept recipe; prescription
de receptionist receptionist
recht right, straight
de rechterhand right hand
rechts (on the) right
rechtsaf (to the) right
redden to save
de regel rule
de regen rain
regenen to rain
de reis journey
reizen to travel
rekenen to calculate
de reclame advert, advertising
rennen to run
de reparatie repair
reserveren to reserve
het restaurant restaurant
het retour return ticket
de richting direction
de rij row, queue
rijden to drive. ride
rijk rich
roepen to call
de rok skirt
roken to smoke
de roman novel
rood red
de rug back
ruiken to smell
de Rus(sin) Russian man
    (woman)

de rust rest
de ruzie row, argument

saai dull, boring
samen together
scherp sharp
schijnen to seem
schilderen to paint
het schip ship
de schoen shoe
de schoonmoeder mother-in-law
de schoonvader father-in-law
schrijven to write
de schrijver writer
de secretaresse secretary
serveren to serve
de sla salad, lettuce
slaan to hit
de slaapkamer bedroom
slagen to be successful
de slager butcher
slapen to sleep
slecht bad
de sleutel key
slikken to swallow
slim clever
sluiten to shut, close
sluw sly
smaken to taste
snel fast, quick
snijden to cut
solliciteren to apply
sommige some
soms sometimes
het soort sort, kind
Spaans Spanish
speciaal special
spelen to play
de spiegel mirror
het spijt me I am sorry
spontaan spontaneous
het spoor track, platform
spreken to speak
staan to stand
de stad town
het station station
stelen to steal

de ster star
sterk strong
sterven to die
stil quiet
de stoel chair
stomen to dry clean
stoppen to stop
de straat street
het strand beach
de streek region
het stro straw
de student student
studeren to study
de studie studies
de studievriend(in) college/
  university friend
het stuk piece
sturen to send
het stuur steering wheel,
  handlebars
de suiker sugar
de supermarkt supermarket
taai tough
de taal language
de taart cake, tart
de tafel table
tanken to fill up with petrol
het tankstation filling station
de tante aunt
de tas bag
de taxi taxi
tegemoetkomen to come towards
tegen against
tegenkomen to come across,
  run into
tegenwoordig nowadays
de tekening drawing
de telefoon telephone
het telefoontje telephone call
de televisie television
tenminste at least
het terrasje café terrace
teruggaan to go back
terugkomen to come back
terugkrijgen to get back
zich terugtrekken to withdraw,
  retire

de terugweg way back
terugzien to see again
terwijl while
tevreden happy, contented, satisfied
het theater theatre
de thee tea
thuis at home
de tijd time
toen then; when
toenemen to increase
het toetje dessert
het toneel stage
het toneelstuk play
de toonbank counter
tot until
de tram tram
de trein train
trek hebben in to feel like
trekken to pull
trouwen to get married
de trui jumper
de tuin garden
tussen between
tweedehands second hand
de tweepersoonskamer double
    room

uit out
uitgaan to go out
uitgang exit
uitgeven to publish; spend
uitmaken to break off (a
    relationship)
uitnodigen to invite
het uitstapje trip, day out
uitsteken to stick/hold out
uitstekend excellent
uitzetten to switch/turn off
het uitzicht view
het uur hour

vaak often
de vader father
de vakantie holiday, vacation
vallen to fall
van of
vanavond this evening

vandaag today
vanmiddag this afternoon
vanmorgen this morning
veel much, a lot
ver far
veranderen to change
verbaasd amazed
zich verbeelden to imagine
verdienen to earn
vergelijken to compare
vergeten to forget
zich vergissen to make a mistake
de verhouding relationship
verhuizen to move house
het verkeer traffic
verkeerd wrong
verklaren to explain, declare
verkopen to sell
de verpleegster nurse
verschrikkelijk terrible
versleten worn
verstaan to understand, hear
vertellen to tell
vertrekken to leave, depart
zich vervelen to be bored
vet fat
vinden to find
de vis fish
het vlees meat
het vliegtuig aeroplane
het vliegveld airport
voelen to feel
de voet foot
vol full
volgen to follow
volgens according to
het volk people, nation
voor for
vooral above all, particularly
het voorbeeld example
voorbijgaan to go past
het voordeel advantage
het voorjaar spring
de voorkeur preference
'voorkomen to occur
voor'komen to prevent
het voorstel proposal

voorstellen to propose, introduce
de vork fork
vragen to ask
vreemd strange, foreign
vreselijk terrible, awful
de vriend friend
vriendelijk friendly, kind
de vriendin female friend,
  girlfriend
vrij free
vroeg early
vrolijk happy, jolly
de vrouw woman; wife

waar true
waar where
waarom why
wachten to wait
wakker awake
wandelen to walk
wanneer when, whenever
  want for, because
het warenhuis department store
wassen to wash
wat what
het water water
de wc toilet, loo
de week week
het weekend weekend
het weer weather
weg road, way
weggaan to go away
wegrijden to drive away
weigeren to refuse
weinig a little
welk which
werken to work
de werkzaamheid occupation
weten to know
wie who
de wijn wine
willen to want

de winkel shop
de winkelbediende shop assistant
winkelen to shop
de winter winter
wisselen to change
wit white
wonen to live
de woning flat, house
de woonkamer living room
het woord word
worden to become

de zaak thing, business
zacht soft
de zee sea
zeer very
zeggen to say
zeker sure, certain
zelf self
zetten to put
zeuren to whine, go on
ziek ill
het ziekenhuis hospital
zien to see
zijn to be
zilver silver
de zin sense, meaning;
  sentence
zingen to sing
zitten to sit
zoet to look for
zoeken sweet
de zomer summer
de zon sun
zonder without
de zoon son
het zout salt
de zus sister
zwaar heavy
zwanger pregnant
zwart black
zwemmen to swim

Index

The numbers cross-refer to sections, not pages